SEASONAL
JELLY
RECIPE BOOK

やわらか
とろける
いとしのゼリー

本間節子

はじめに

この本をつくるにあたり最初にしたのは、
東京・奥沢にあった洋菓子店「ブルーリボン」(2011年閉店)の
グレープフルーツゼリーを食べるということでした。
今もファンの心に残るあのゼリーを食べたことがなかった私に、
元パティシエの石田さんは快く、作ってきてくださいました。
そのとき初めてそのゼリーを味わい、ゼラチンへの思いや
レシピの話を伺ったことから考えがまとまり、本づくりが始まりました。

ひとつひとつに最適なかたさや食感を考えながら
なにより大切にしたのは、"やわらかさ"と"みずみずしさ"です。
作りたてを適温で家で食べられるのは実はとても贅沢なことで、
レストランのデザートと同じくらいやわらかく、
ギリギリ固めたゼリーの繊細なおいしさを伝えたいと思いました。

食材を引き立て、やさしく包み込んでくれるゼラチン、アガー、寒天。
通年の食材は、風味を生かして、もっとおいしく。
旬の果物は、扱い方を知って、さらにおいしく。
やわらかくてみずみずしく、とろけるようなゼリーを
毎日の生活のなかで、一年中ずっと楽しんでいただけますように。

本間節子

CONTENTS

PART3　SUMMER

PART4　AUTUMN

PART5 WINTER

PART6 All SEASONS

・大さじ1＝15㎖、小さじ1＝5㎖です。

・卵はLサイズ（正味55〜60g）を使用しています。

・「砂糖」と記載のある場合は、ビートグラニュー糖
　またはグラニュー糖を使用しています。ゼラチン
　と寒天のゼリーでは、上白糖でも代用可能です。

・電子レンジの加熱時間は600Wの場合の目安で
　す。500Wの場合は時間を1.2倍にしてください。

ゼラチンで作る

コーヒーゼリー

→作り方は p.10

コーヒーには酸味と
苦味、コクがあり、
ゼラチンを使うことで
さらに深みが増します。
口のなかで溶けながら、
風味とその余韻を
長く感じられるのも魅力です。

するっとゆるめ

ぷるんっとかため

「ゼラチンの基本」〜なめらかな口どけとぷるんっとした弾力が魅力〜

ゼラチンは使う量を加減することで、のど越しのいいとろりとしたゼリー（ジュレ）から、しっかりと弾力を感じるグミのようなお菓子まで作ることができます。生クリームや牛乳のような同じ動物性の食材と相性がよく、口どけの温度がそろい、よりなめらかさを味わえます。液体をストレートで固められるので、風味を閉じ込められるのも魅力です。

また、時間の経過ごとに締まる性質があります。冷蔵室で3時間ほど経った頃はやわらかめでみずみずしい状態ですが、ひと晩おくとそれよりしっかりとした食感を楽しめます。

ゼラチンとは

牛や豚の骨や皮に含まれるコラーゲンが原料。体温で溶けるので口どけがよく、ぷるんっとした弾力のある食感が特徴。15度以下で固まり、固まったあとも常温で溶けます。

この本で使ったのは

ゼライス（ゼラチンパウダー）

湯（80度前後）に直接ふり入れ、混ぜるだけで溶ける顆粒状。5g×13袋入り／マルハニチロ

※ふやかす必要のないゼラチンですが、この本では、粉ゼラチンを使う人でも失敗なく液体にしっかり溶けきるように、ふやかしてから使用しています。

粉ゼラチンの扱い方

・ふやかす

粉ゼラチンは、水に浸してふやかしてから使います。ゼラチンに水を加えるとダマになるので注意を。水を入れた器にまんべんなくふり入れ、そのまま5分おいてよく吸水させてふやかします。

・溶かす

80度の液体にゼラチンを加え、混ぜて溶かします。熱に弱いので、入れたら加熱しないこと。牛乳などを火にかける場合は、沸騰直前（鍋の縁にふつふつと泡が立つ状態）に火からおろして加えます。

・柑橘類などの果汁は沸騰させる

たんぱく質分解酵素を含む生のフルーツ（パイナップルなど）や酸味の強い柑橘類は、ゼラチンのたんぱく質を壊して固まらない原因に。これらの果汁は、しっかりと沸騰させて酵素の働きを止めてからゼラチンを加えます。

ぷるんっとかため

[材料] 3人分

| 粉ゼラチン（または顆粒ゼラチン）… 5g
| 水 … 大さじ1
コーヒー液 … 230㎖
　コーヒー豆（好みのもの）… 30g
　熱湯 … 300㎖
砂糖 … 25g

エッジが生み出す陰影を楽しめるかたさ。口のなかで転がしながら溶けて、コーヒーの風味をじっくりと味わうことができます。

するっとゆるめ

[材料] 4人分

| 粉ゼラチン（または顆粒ゼラチン）… 5g
| 水 … 大さじ1
コーヒー液 … 300㎖
　コーヒー豆（好みのもの）… 40g
　熱湯 … 400㎖
砂糖 … 30g

見た目でもみずみずしさを感じられるやわらかさ。口のなかでさっと溶け、ひと口ひと口、ひんやり感とコーヒーの香りを楽しめます。

[作り方]

1　器に水を入れ、粉ゼラチンをふり入れてふやかす。

2　コーヒー豆に熱湯を少しずつ含ませ、ゆっくりドリップしてコーヒー液を作る。

3　ボウルに2を入れ、1を加えてゴムべらで混ぜて溶かす。

4　砂糖を加え、混ぜて溶かす。

5　ボウルの底を氷水に当てながら、混ぜて冷やす。

6　型またはグラスに注ぎ入れ、冷蔵室で3時間以上冷やし固める。

[仕上げ・飾り]

○ ぷるんっとかため

型からはずし（p.20参照）、器に盛る。生クリーム50㎖とコンデンスミルク大さじ1を八分立て（p.20参照）にし、絞り出し袋に入れて絞る。

○ するっとゆるめ

生クリーム50㎖とコンデンスミルク大さじ1を五分立て（p.20参照）にし、スプーンでのせる。

1

2

3

4

5

6

- すぐに氷水で冷やすことで、香りと風味が抜けにくくなる。また、雑菌が繁殖しにくいというメリットも。
- p.24「いちごのババロア」のように泡立てた生クリームと合わせる場合は、混ざりやすいように、軽くとろみがつくまで冷やす。また、なかに具を入れる場合も、浮いたり沈んだりを防ぐので、とろみをつけてから器に注ぐ。

MEMO

◎ 仕上げの生クリームに加えるコンデンスミルクは砂糖小さじ1でも。また、コンデンスミルクを入れず、無糖でコーヒーの風味を楽しんでも。バナナやさくらんぼなどのフルーツ、バニラアイスを添えてもおいしい。

◎ インスタントコーヒーを使う場合は、コーヒー大さじ1を熱湯300㎖で溶き、味見をして好みで濃度を加減してください。

紅茶のゼリー

→作り方はp.14

澄んだ赤茶色の美しい
紅茶を、透明感と色を
損ねないアガーで固めました。
みずみずしさと食感で、
アイスティーを飲むように
するっと食べられます。

するっとゆるめ

ぷるんっとかため

「アガーの基本」〜透明感とつるりとしたのど越しのよさ〜

アガーで作るゼリーには、とろりと飲めそうなほどゆるめでも、ぷるんっとかためでも、口のなかで感じる独特でしなやかな弾力やひんやりとした温度感があります。表面がつるりとしているため、のど越しがいいのも特徴です。

液体の透明感を損なわずに固めることができるので、紅茶や日本茶、ソーダなどのそのままの水色(すいしょく)を楽しみたいときにおすすめです。また、見た目に清涼感があり、生のフルーツをそのまま閉じ込めるような、さっぱり感を楽しむゼリーを作りたいときにもアガーを選びます。

アガーとは

海藻やマメ科の種子から抽出する多糖類が原料。仕上がりの透明度が高く、無味無臭なので、食材の風味を生かせます。常温で固まるので、冷め始めてからは手早い作業が必要。

この本で使ったのは

ゼリーの素(アガー)

海藻(紅藻類)からつくられた寒天入り。5g×5袋入り／共立食品

アガーの扱い方

・砂糖と混ぜる

粒子が細かくダマになりやすいので、あらかじめ泡立て器で砂糖とよく混ぜてから液体に加えます。甘い液体の場合は、砂糖と合わせないことも。その際は、ダマにならないように気をつけて混ぜながらアガーをふり入れます。

・溶かす

90度以上の液体で溶かしますが、沸騰させてしまうと凝固力が弱まるので注意を。砂糖と混ぜたアガーを加え、たえず泡立て器で混ぜながら中火にかけ、沸騰直前(鍋の縁にふつふつと泡が立つ状態)に火からおろします。

・フルーツのピュレは少しずつ

火からおろしたアガー液にフルーツのピュレを一気に加えると、温度が急に下がり、固まりムラができてしまいます。フルーツは常温に戻してからピュレにし、温度が均一になるようにゴムべらで混ぜながら少しずつ加えます。

・離水

固まったものの形をくずすと、離水(水がしみ出る現象)しやすいのも特徴。型からはずしたり、スプーンですくって盛りつけたりするのは、食べる直前に。

ぷるんっとかため

[材料]　3人分

紅茶液 … 170㎖
　紅茶の茶葉(好みのもの) … 5g
　熱湯 … 200㎖
　アガー … 5g
　砂糖 … 25g
　水 … 80㎖

やわらかさのなかにも弾けるような弾力があり、口に含むと、紅茶の風味をしっかりと感じることができるかたさ。

するっとゆるめ

[材料]　4人分

紅茶液 … 240㎖
　紅茶の茶葉(好みのもの) … 6g
　熱湯 … 280㎖
　アガー … 5g
　砂糖 … 30g
　水 … 100㎖

抵抗なくスプーンを入れられて、飲むように食べられるゆるさ。すっきりした甘さとほろ苦い紅茶ならではの味わいが口のなかに。

[作り方]

1　器に砂糖とアガーを入れ、泡立て器でよく混ぜる。

2　ポットに茶葉を入れ、熱湯を注いでふたをして3分おき、紅茶液を作る。

3　鍋に水を入れ、1をふり入れながら泡立て器で混ぜる。

4　中火にかけ、混ぜながら沸騰直前(p.13参照)に火からおろす。

5　2をこしながら加え、混ぜる。

6　鍋底を冷水に当てながら、ゴムべらで混ぜてあら熱をとる。

7　型またはグラスに注ぎ入れ、冷蔵室で3時間以上冷やし固める。

[仕上げ・飾り]

○ぷるんっとかため

型からはずし(p.20参照)、器に盛り、りんごのコンポート(p.89・1〜3参照)を添える。

○するっとゆるめ

生クリームを六分立て(p.20参照)にし、スプーンでのせる。

MEMO

◎この本ではセイロンティーを使用。紅茶らしい赤褐色のきれいな水色に。また、リーフが大きいと、甘くすっきりとした味わいになります。

◎生クリームを添えてミルクティー、柑橘類を添えてレモンティーのような味わいを楽しむのもおすすめです。

・ アガーは常温で固まるので、あら熱をとる（＝ほんのり温かさを感じる）程度でOK（冷めて固まり始めると、型またはグラスにきれいに注げなくなる）。

・ 氷水だと部分的に固まりやすくなるので、冷水で。

・ p.52「ブルーベリーのゼリー」のように、フルーツを浮かせたい場合は、軽くとろみがつくまで冷やし、手早くグラスに注ぐ。

寒天で作る

あずき寒天

→作り方はp.18

あずきの風味を楽しめる
あと味さっぱりの和風ゼリー。
水分を含んで固まる寒天は、
ほぐせばジュワッと
水分が溶け出てきて、
みずみずしくキレのある
口あたりを堪能できます。

するっとゆるめ

ぷるんっとかため

「寒天の基本」～ほろりと水分を包んだ膜が弾ける独特の食感～

口に入れると水分を包んでいる膜が弾ける、そんなキレを感じられるのが寒天の魅力です。昔ながらのかための寒天は、切り口がキリッと美しく、口のなかでほろりとくずれる感じ。限りなくゆるく固めた寒天は、口のなかでふわりとくずれて流れ込む感じがおいしい。白くもやがかかったようなやさしい色合いで固まる様子が特においしそうで、たくさん水分を含ませて口のなかで弾ける食感を味わいたいときに寒天を選びます。

和の食材と特に相性がいいのですが、風味づけにラム酒などの洋酒を合わせると、印象が変わるおもしろさもあります。

寒天とは

てんぐさなどの海藻から抽出した多糖類が原料。ゼラチンやアガーとくらべて最も凝固力が強く、常温で固まります。粘りや弾力はなく、ほろっとくずれるような口あたりが特徴。

この本で使ったのは

かんてんクック

使いやすい小分けタイプ。4g×4袋入り／かんてんぱぱ（伊那食品工業）

寒天の扱い方

・溶かす

ゼラチンやアガーのような事前の作業はありません。そのまま水にふり入れ、混ぜながら中火にかけ、沸騰したら弱火にして指定の時間しっかりと煮溶かします。

・フルーツのピュレは少しずつ

火からおろした寒天液にフルーツのピュレを一気に加えると、温度が急に下がり、固まりムラができてしまいます。フルーツは常温に戻してからピュレにし、温度が均一になるようにゴムべらで混ぜながら少しずつ加えます。

・離水

固まったものの形をくずすと、離水（水がしみ出る現象）しやすいのも特徴。型からはずすときは傷をつけないように注意し、包丁で切り込みを入れたり、スプーンですくって盛りつけたりするのは、食べる直前に。

ぷるんっとかため

[材料]　3人分

こしあん … 70g

水 … 150㎖

　┃　粉寒天 … 1g

　┃　水 … 100㎖

砂糖 … 20g

（好みで）ラム酒 … 小さじ1/2

水羊羹よりやわらかく、さらりとした口どけ
のよさに。ひと口であずきの存在と水分をしっ
かりと感じ、ほぐれながらすっと消えます。

するっとゆるめ

[材料]　4人分

こしあん … 100g

水 … 250㎖

　┃　粉寒天 … 1g

　┃　水 … 100㎖

砂糖 … 30g

（好みで）ラム酒 … 小さじ2/3

細かい粒子が口のなかでほぐれる寒天らし
い口どけを残しつつ、あずきを楽しむため
のギリギリのゆるさで固めています。

[作り方]

1　ボウルにこしあんを入れ、水150㎖
　　または250㎖を加えて泡立て器で
　　なめらかになるまで混ぜる。

2　鍋に水100㎖を入れ、泡立て器で
　　混ぜながら粉寒天を加える。

3　混ぜながら中火にかけ、沸騰した
　　ら弱火にして2分煮る。

4　砂糖とラム酒を加え、ゴムべらで
　　混ぜて溶かす。火からおろす。

5　1に4を混ぜながら加える。

6　ボウルの底を冷水に当てながら、
　　混ぜてあら熱をとる。

7　型またはグラスに注ぎ入れ、冷蔵
　　室で3時間以上冷やし固める。

[仕上げ・飾り]

○ ぷるんっとかためタイプ

型からはずし（p.20参照）、器に盛る。

○ するっとゆるめタイプ

バニラアイスをのせる。

MEMO

◎ 白あんでも同様に作れます。

◎ 大きな容器で固めて、フルーツのゼリーや寒天と、スプーンですくって盛り合わせるのもおすすめ。

・ 寒天は常温で固まるので、あら熱がとれる（＝ほんのり温かさを感じる）程度でOK。冷めて固まり始めると、離水も始まり、型やグラスにきれいに注げず固まりにくくなるので注意。

・ 氷水だとボウルの底に当たる部分だけがあっという間に固まるので、冷水で。

[表面の泡をとる]

型やグラスにゼリー液を注ぎ入れた
あとの、最後のひと手間。表面に浮
かぶ泡はスプーンですくってとり除く
と、見た目もきれいに仕上がる。

[型からのはずし方]

1

（ゼラチンのみ：粘着力があり、型に
密着する性質のため）型の側面を
60度くらいの湯に2、3秒つける。
型についた水気はふきとる。

2

パレットナイフまたは指で縁を押さ
えて、すき間をつくる。

3

型の上に皿をのせてひっくり返す。

[生クリームの泡立て] ボウルの底を氷水に当てながら、ハンドミキサーの中速で全体を混ぜるように泡立てます。

五分立て

ほんのりとろみのある液
状で、泡立て器ですくう
とゆるゆると流れ落ち
る状態。

六分立て

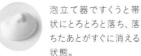

泡立て器ですくうと帯
状にとろとろと落ち、落
ちたあとがすぐに消える
状態。

七分立て

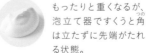

もったりと重くなるが、
泡立て器ですくうと角
は立たずに先端がたれ
る状態。

八分立て

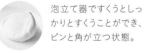

泡立て器ですくうとしっ
かりとすくうことができ、
ピンと角が立つ状態。

いちごのゼリー添え
ホワイトチョコレートのゼリー

ゼラチン

いちごのゼリーは
なめらかなソースのよう。
チョコのゼリーと2層にして
味を引き立たせます。

[材料]　容量200mlのグラス5個分

ホワイトチョコレートのゼリー

ホワイトチョコレート … 70g

牛乳 … 350ml

　粉ゼラチン（または顆粒ゼラチン）… 5g
　水 … 大さじ1

バニラビーンズ … 2cm

砂糖 … 10g

いちごのゼリー

いちご … 正味260g

砂糖 … 40g

白ワイン … 大さじ2

　粉ゼラチン（または顆粒ゼラチン）… 1.5g
　水 … 小さじ1

[下準備]

・ いちごは洗って水気をきり、へたをとる。ボウ
　ルに入れて砂糖40gをふり、ひと晩おく。

・ 器に水大さじ1を入れ、粉ゼラチン5gをふり
　入れてふやかす。

・ バニラビーンズはさやに切り込みを入れて種を
　とり出し（p.109・A参照）、砂糖10gと混ぜる。

[作り方]

1　ホワイトチョコレートのゼリーを作
　る。鍋に牛乳とバニラビーンズのさ
　やを入れて中火にかけ、沸騰直前
　（p.9参照）に火からおろす。

2　ふやかしたゼラチン、バニラビーン
　ズの種と合わせた砂糖を加え、ゴ
　ムべらで混ぜて溶かす。ホワイト
　チョコレートを加え、混ぜて溶か
　す。バニラビーンズのさやをとり
　除く。

3　鍋底を氷水に当てながら、混ぜて
　冷やす。グラスに注ぎ入れ、冷蔵
　室で冷やす。

4　いちごのゼリーを作る。器に水小さ
　じ1を入れ、粉ゼラチン1.5gをふり
　入れてふやかす。

5　鍋にいちごを水分ごと入れ、白ワイ
　ンを加えて中火にかける。沸騰した
　ら火からおろし、4を加え、ゴムベ
　らで混ぜて溶かす。

6　鍋底を氷水に当てながら混ぜ、軽
　くとろみがつくまで冷やす。

7　3が固まり始めたら、6をスプーン
　ですくってのせ（A）、冷蔵室で3時
　間以上冷やし固める。

A

STRAWBERRY BAVAROIS

いちごのババロア

ゼラチン

いちごのピュレをたっぷり、
卵黄入りでまろやかな味わいの
本格ババロアです。

[材料]　容量600mℓの型1台分

いちご … 正味250g

卵黄 … 1個分

砂糖 … 20g、30g

牛乳 … 100mℓ

　｜　粉ゼラチン（または顆粒ゼラチン） … 7g

　｜　水 … 20mℓ

生クリーム … 120mℓ

[下準備]

・ 器に水を入れ、粉ゼラチンを
　ふり入れてふやかす。

[作り方]

1　いちごは洗って水気をきり、へたをと
　る。ミキサーにかけてピュレ状にする。

2　ボウルに卵黄と砂糖20gを入れ、泡立
　て器で白っぽくなるまで混ぜる(A)。

3　鍋に牛乳を入れて中火にかけ、沸騰直
　前(p.9参照)に火からおろす。2に加えて
　混ぜる。

4　鍋にこして戻し、ゴムべらで混ぜなが
　ら弱火にかける。泡が消えて湯気が少
　し立ち、とろみがつくまで温める(B)。
　ふやかしたゼラチンを加え、混ぜて溶
　かす。

5　1を加えて混ぜる。鍋底を氷水に当て
　ながら混ぜ、軽くとろみがつくまで冷
　やす(C)。

6　ボウルに生クリームと砂糖30gを入れ
　て八分立て(p.20参照)にする。半量を5
　に加えて混ぜてから、ボウルに戻して
　混ぜる。

7　型に注ぎ入れ(D)、冷蔵室で3時間以上
　冷やし固める。

＊型からはずし(p.20参照)、器に盛っていち
　ごを飾る。

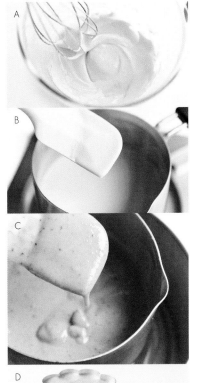

STRAWBERRY JELLY
いちごのゼリー

アガー

砂糖をかけてひと晩おいた
真っ赤なシロップと
味が凝縮した果肉をゼリーに。

[材料]　容量200mlのグラス4個分

いちご … 正味300g
砂糖 … 60g
レモン汁 … 小さじ1
　アガー … 5g
　水 … 150ml

[下準備]

・ いちごは洗って水気をきり、へたを
とる。ボウルに入れて砂糖をふりか
け、ひと晩おく。

[作り方]

1　いちごは万能こし器でこして果肉と水分
に分ける(A)。水分は150mlを計量し(不足
分は水を足す)、レモン汁を加えて混ぜる。
果肉はグラスに分け入れる。

2　鍋に水を入れ、泡立て器で混ぜながら、
アガーをふり入れる。

3　混ぜながら中火にかけ、沸騰直前(p.13参
照)に火からおろす。1の水分を加えて混
ぜる。

4　鍋底を冷水に当てながら、ゴムべらで混
ぜてあら熱をとる。

5　1のグラスに注ぎ入れ、冷蔵室で3時間
以上冷やし固める。

A

STRAWBERRY KANTEN
いちごの寒天

寒天
———

いちごのピュレを
寒天で固めました。
生クリームやアイスを
添えてもおいしい。

[材料]　4人分

いちご … 正味220g
　｜　粉寒天 … 1g
　｜　水 … 220㎖
砂糖 … 45g
レモン汁 … 小さじ1
（あれば）キルシュ … 小さじ1

[下準備]

・ いちごは室温に戻す。

[作り方]

1　いちごは洗って水気をきり、へたをとる。
　　ミキサーにかけてピュレ状にする。

2　鍋に水と粉寒天を入れて泡立て器で混ぜ
　　る。混ぜながら中火にかけ、沸騰したら
　　弱火にし、2分煮て火からおろす。

3　砂糖、レモン汁、キルシュを加えて混ぜ、
　　1を少しずつ加えて混ぜる。

4　鍋底を冷水に当てながら、ゴムべらで混
　　ぜてあら熱をとる。

5　容器に注ぎ入れ、冷蔵室で3時間以上冷
　　やし固める。

　　＊スプーンですくって器に盛り、輪切りにしたいち
　　ごを飾る。

[材料]　4人分

キウイフルーツ … 正味100g（約2個）
水 … 100㎖
レモン汁 … 小さじ1
　│　アガー … 5g
　│　砂糖 … 40g
　│　水 … 150㎖

[下準備]

・ キウイフルーツは室温に戻す。

・ 器にアガーと砂糖を入れ、泡立て器でよく混ぜる。

[作り方]

1　キウイフルーツは皮をむいてすりおろし、ピュレ状にする。ボウルに入れ、水100㎖、レモン汁を加えてゴムべらで混ぜる。

2　鍋に水150㎖を入れ、泡立て器で混ぜながら、混ぜたアガーと砂糖をふり入れる。

3　混ぜながら中火にかけ、沸騰直前（p.13参照）に火からおろす。1を少しずつ加えて混ぜる。

4　容器に注ぎ入れ、冷蔵室で3時間以上冷やし固める。

＊皮をむいて角切りにしたキウイフルーツをのせる。

KIWI FRUIT JELLY
キウイフルーツのゼリー

アガー

キウイジュースをアガーで固めることで、味も見た目もフレッシュに。

パイナップル … 正味200g（約1/4個）
水 … 200mℓ
砂糖 … 30g
　粉ゼラチン（または顆粒ゼラチン）… 5g
　水 … 大さじ1

[下 準 備]

・ 器に水大さじ1を入れ、粉ゼラチンをふり入れてふやかす。

[作 り 方]

1　パイナップルはミキサーにかけてピュレ状にする。

2　鍋に1と水200mℓ、砂糖を入れて中火にかける。煮立ったら弱火にし、ゴムべらで混ぜながら全体をしっかり沸騰させて1分煮て、火からおろす。

3　ひと呼吸おき、ふやかしたゼラチンを加え、混ぜて溶かす。

4　鍋底を氷水に当てながら、混ぜて冷やす。

5　グラスに注ぎ入れ、冷蔵室で3時間以上冷やし固める。

ミキサーにかけて煮るだけ。
酵素のあるパイナップルも
口どけのいいゼリーに。

PINEAPPLE JELLY
パイナップル のゼリー

ゼラチン

ORANGE KANTEN

オレンジの寒天

寒天

[材料]　8切れ分

オレンジ … 2、3個
│　粉寒天 … 1g
│　水 … 200㎖
砂糖 … 30g
オランジュ（オレンジリキュール）
　… 小さじ1

[作り方]

1　オレンジは横に半分に切り、皮と果肉の境に包丁を入れ（A）、包丁で果肉をくりぬく（B）。種はとり除く。

2　果肉をミキサーにかけてから万能こし器でこし、果汁を200㎖計量する。

3　オレンジジャムを作る。こし器に残った果肉と薄皮を計量して鍋に入れ、その半量の砂糖（分量外）とかぶるくらいの水を加え（C）、やわらかくなるまでゴムべらで混ぜながら弱火で煮詰める。

4　別の鍋に水と粉寒天を入れ、泡立て器で混ぜる。混ぜながら中火にかけ、沸騰したら弱火にして2分煮る。火からおろし、砂糖とオランジュを加えて混ぜる（アルコールをとばしたい場合は再沸騰させる）。

5　2を加えて混ぜ、鍋底を冷水に当てながらゴムべらで混ぜてあら熱をとる。

6　1のオレンジの皮の器に注ぎ入れ、冷蔵室で3時間以上冷やし固める。

＊半分に切って器に盛り、3のオレンジジャムを添える。

A

B

C

皮を器に使うオレンジは
国産ネーブルを選びました。
グラスで冷やし固めて色を楽しんでも。

FRUIT PUNCH JELLY
フルーツポンチのゼリー

アガー

熱々のゼリー液で
ほんのりやわらかくなった果物を
ゼリーが包み込んでおいしい。
小さなびんに1人分ずつ入れても。

A

B

[材 料]　　6人分(容量1ℓのびん1本分)

フルーツ … 正味600g

　バナナ1本、りんご1/4個、キウイフルーツ
　1個、オレンジ1個、グレープフルーツ1/2個、
　いちご6個、缶詰のさくらんぼ6個

レモン汁 … 大さじ1

(好みで) キルシュ … 小さじ1

はちみつ … 20g

　アガー … 5g

　砂糖 … 20g

　水 … 300㎖

[下 準 備]

・ 器にアガーと砂糖を入れ、
　泡立て器でよく混ぜる。

[作 り 方]

1　フルーツを切る(A)。バナナは皮をむ
　　いて1㎝厚さの輪切りにする。りんご
　　は芯をとって4等分のくし形に切り、
　　小さめのひと口大に切る。バナナとり
　　んごはレモン汁をかけてなじませる。
　　キウイフルーツは皮をむいて5㎜厚さ
　　の輪切りにする。オレンジとグレープ
　　フルーツは薄皮をむく(p.36・A参照)。
　　いちごはへたをとって半分に切る。す
　　べてのフルーツにキルシュとはちみつ
　　をかけてあえる。

2　きれいに見えるようびんの表面に貼
　　りつけながら入れる(B)。

3　鍋に水を入れ、泡立て器で混ぜなが
　　ら、混ぜたアガーと砂糖をふり入れる。

4　混ぜながら中火にかけ、沸騰直前(p.
　　13参照)に火からおろす。1から出た
　　水分を加えて混ぜる。

5　熱いうちに2のびんに注ぎ入れ、冷
　　蔵室で3時間以上冷やし固める。

＊スプーンですくって器に盛る。

GRAPEFRUIT PULPY JELLY

グレープフルーツの
つぶつぶゼリー

アガー

果肉を集めて作っても。

薄皮をむくときにほぐれた

花びらが舞うよう。

グラスのなかでふわっと

[材料]　容量200mℓのグラス（型として使用）4個分

グレープフルーツ … 正味270g（ピンクと黄色各約1/2個）

はちみつ … 30g

　アガー … 5g

　砂糖 … 10g

　水 … 200mℓ

オランジュ（オレンジリキュール）… 小さじ1

レモン汁 … 小さじ1

[下準備]

・ 器にアガーと砂糖を入れ、泡立て器でよく混ぜる。

[作り方]

1　グレープフルーツは皮をむいて房ごとに薄皮を
　　むく（p.36・A参照）。種をとり除き、果肉を細かく
　　ほぐす（A）。バットに入れてはちみつをかけ、3時
　　間以上おく。

2　こして出てきた水分を150mℓ計量する（不足分は水を
　　足す）。果肉はグラスに分け入れる。

3　鍋に水を入れ、泡立て器で混ぜながら、混ぜた
　　アガーと砂糖をふり入れる。

4　混ぜながら中火にかけ、沸騰直前（p.13参照）に火
　　からおろす。オランジュ、2の水分、レモン汁を
　　加えて混ぜる。

5　鍋底を冷水に当てながら、ゴムべらで混ぜてあ
　　ら熱をとる。

6　2のグラスに注ぎ入れ、冷蔵室で3時間以上冷や
　　し固める。

＊型からはずして（p.20参照）器に盛
る。ヨーグルトアイスを添える。

A

GRAPEFRUIT JELLY

グレープフルーツのゼリー

ゼラチン

[材料]　容量120〜200mℓのグラス4個分

グレープフルーツ … 正味540g（約2個）

はちみつ … 50g

│　粉ゼラチン（または顆粒ゼラチン）… 5g

│　水 … 大さじ1

水 … 300mℓ

砂糖 … 10g

オランジュ（オレンジリキュール）… 小さじ2

レモン汁 … 小さじ1

[下準備]

・ 器に水大さじ1を入れ、粉ゼラチンを
　ふり入れてふやかす。

[作り方]

1　グレープフルーツは皮をむき、房ごとに薄皮をむいて
　　種をとり除く（A／皮をむくときに白いわたが厚めに残るようにす
　　ると、薄皮をきれいにむきやすくなる）。バットに入れてはちみ
　　つをかけ、3時間以上おく（B）。

2　こして出てきた水分を100mℓ計量する（不足分は水を足す）。

3　鍋に水300mℓと砂糖、オランジュを入れて中火にかけ
　　る。沸騰したら火からおろし、ふやかしたゼラチンを
　　加え、ゴムべらで混ぜて溶かす。

4　**2**の水分とレモン汁を加え、鍋底を氷水に当てながら
　　混ぜて冷やす。**2**の果肉を半分に裂いて加え、混ぜる。

5　グラスに注ぎ入れ、冷蔵室で3時間以上冷やし固める。

マリネしたグレープフルーツの
ごろっとした果肉が
ほのかに甘いゼリーをまとい、
うっとり、しあわせ気分に。

びわのゼリー

アガー

やわらかく煮たコンポートと
香りの移ったシロップ。
びわのうまみを引き立て
この上ない繊細な味わいに。

[材料]　容量100mℓのグラス（型として使用）5個分

びわ … 10個
びわの種 … 30g
レモン汁 … 20mℓ
水 … 200mℓ、150mℓ
砂糖 … 40g
アマレット … 小さじ1
　アガー … 5g
　砂糖 … 20g

[作り方]

1　コンポートを作る。ボウルに水適量とレモン汁小さじ1を入れる。

2　びわ5個はよく洗い、水気をふきとる。縦にぐるりと切り込みを入れ (A)、手でねじって半割りにし、スプーンで種と種まわりをとり除き (B)、1に浸す。

3　耐熱ボウルに水200mℓ、砂糖40g、びわの種を入れてラップをかけ、電子レンジ (600W) で3分加熱する。ゴムべらで混ぜて砂糖を溶かし、2の果肉を加え、ラップをかけてさらに2分加熱する。

4　空気が入らないように表面にぴったりとラップをかけ直し、あら熱がとれたら冷蔵室でひと晩冷やす。

5　ゼリーを作る。1と同様にレモン水を用意し、びわ5個は2と同様に処理し、皮をむいてレモン水に浸す。

6　4の果肉は皮をむく。シロップはこして種をとり除き、200mℓを計量する (不足分は水を足す)。鍋に入れて中火にかけ、沸騰したら火からおろし、アマレットを加えて混ぜる。

7　グラスに5と6の果肉を2切れずつ、交互に重ねて入れる (C)。

8　器にアガーと砂糖を入れ、泡立て器でよく混ぜる。

9　鍋に水150mℓを入れ、泡立て器で混ぜながら、8をふり入れる。混ぜながら中火にかけ、沸騰直前 (p.13参照) に火からおろす。6のシロップとレモン汁小さじ2を加えて混ぜる。

10　鍋底を冷水に当てながら、ゴムべらで混ぜてあら熱をとる。7のグラスに注ぎ入れ、冷蔵室で3時間以上冷やし固める。

＊型からはずし (p.20参照)、器に盛る。

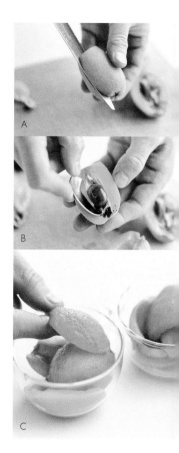

A

B

C

ゼリーを凍らせて、アイスバーに

ICE BAR
ゼリーのアイスバー

アガーと寒天は
シャリシャリ。
ゼラチンはもっちり。

ゼリーとして食べきれないようなときは、冷凍すればアイスバーとして味わえます。固まったゼリーにキャンディー棒をさしてから凍らせると、型から簡単にはずせて、凍らせてもカチカチにならずに食べやすくなります。日もちは1カ月ほど。二度おいしいお菓子です。

（真上から時計回りに）柿のゼリー、いちじくの赤ワインコンポートゼリー、煎茶のゼリー、ぶどうの寒天、いちごのババロア。

MELON JELLY

メロンのゼリー

アガー

メロンの甘い香りと味、
みずみずしさをゼリーが包み、
おいしさをさらに引き立てます。

[材料]　容量80mℓのグラス4個分

メロン … 正味250g（約1/2個）
  アガー … 5g
  砂糖 … 30g
  水 … 150mℓ
レモン汁 … 小さじ1

[下準備]

・ メロンは室温に戻す。
・ 器にアガーと砂糖を入れ、泡立て器でよく混ぜる。

[作り方]

1　メロンは皮をむいて種をとり除き、ひと口大
　　に切り、ミキサーにかけてピュレ状にする。

2　鍋に水を入れ、泡立て器で混ぜながら、混
　　ぜたアガーと砂糖をふり入れる。

3　混ぜながら中火にかけ、沸騰直前（p.13参照）
　　に火からおろす。1を少しずつ加えて混ぜ、
　　レモン汁を加えて混ぜる。

4　グラスに注ぎ入れ、冷蔵室で3時間以上冷
　　やし固める。

　　＊生クリーム50mℓと砂糖小さじ1を七分立て（p.20
　　参照）にし、絞り出し袋に入れて絞る。くりぬき器で
　　丸くくりぬいたメロン（A）、ミントを飾る。

A

マンゴーオレンジのゼリー

ゼラチン

濃厚なマンゴーに
オレンジを加えて
さわやかなプリンに。

MANGO PUDDING

マンゴープリン

ゼラチン

オレンジをきかせて
さっぱり感も楽しめる
マンゴーのゼリー。

マンゴープリン

[材 料]　容量100mℓのグラス4個分

マンゴー … 正味200g（約1個）
砂糖 … 20g
　　粉ゼラチン（または顆粒ゼラチン）… 5g
　　水 … 大さじ1
オレンジの果汁（オレンジジュースでもOK）… 50mℓ
生クリーム … 100mℓ

[下 準 備]

・ 器に水を入れ、粉ゼラチンを
　ふり入れてふやかす。

[作 り 方]

1　マンゴーは皮をむいて種をとり除き、ひと口大に切り、ミキサーにかけてピュレ状にする。

2　鍋に1と砂糖を入れてゴムべらで混ぜながら中火にかけ、沸騰したら火からおろす。ひと呼吸おき、ふやかしたゼラチンを加え、混ぜて溶かす。

3　オレンジの果汁を加えて混ぜる。鍋底を氷水に当てながら混ぜ、軽くとろみがつくまで冷やす。

4　ボウルに生クリームを入れて七分立て（p.20参照）にし、3に加えて混ぜる。グラスに注ぎ入れ、冷蔵室で3時間以上冷やし固める。

＊ひと口大に切ったマンゴーとハーブを飾る。

マンゴーオレンジのゼリー

[材 料]　容量100mℓのグラス4個分

マンゴー … 正味250g（約1と1/4個）
砂糖 … 30g
　　粉ゼラチン（または顆粒ゼラチン）… 5g
　　水 … 大さじ1
オレンジの果汁
（オレンジジュースでもOK）… 100mℓ

[下 準 備]

・ 器に水を入れ、粉ゼラチンをふり入れてふやかす。

[作 り 方]

左記「マンゴープリン」の1〜3と同様に作業する（ただし3でとろみをつける必要はない）。グラスに注ぎ入れ、冷蔵室で3時間以上冷やし固める。

＊ひと口大に切ったマンゴーとオレンジを飾る。

すいかのゆるゆるゼリー

アガー

[材 料]　容量100mlのグラス4個分

すいか … 正味420g（約1/2個）

レモン汁 … 小さじ2

はちみつ … 10g

　アガー … 5g

　砂糖 … 40g

　水 … 100ml

[下 準 備]

・ 器にアガーと砂糖を入れ、
　泡立て器でよく混ぜる。

[作 り 方]

1　すいかは種をとり除き、きれいな部分の果
　肉100gをひと口大に切ってグラスに分け
　入れる。残りはミキサーにかけて万能こし
　器でこし（A）、果汁250mlを計量する。

2　鍋に1の果汁を入れて中火にかけ、湯気が
　立ったら火からおろし、レモン汁とはちみ
　つを加えて泡立て器で混ぜる。

3　別の鍋に水を入れ、泡立て器で混ぜながら、
　混ぜたアガーと砂糖をふり入れる。混ぜな
　がら中火にかけ、沸騰直前（p.13参照）に火
　からおろし、2を加えて混ぜる。

4　鍋底を冷水に当てながら、ゴムべらで混ぜ
　てあら熱をとる。

5　1のグラスに注ぎ入れ、冷蔵室で3時間以
　上冷やし固める。

　＊レモンの輪切りを半分に切ってのせる。

A

ふるふるゼリーに、
シャキッとした
生のすいかを合わせて。

WATERMELON JELLY

すいかのゼリー

ゼラチン

すいかの器いっぱいに
ゼリーを詰め込みました。
カットして、パクッとしてほしい
サプライズゼリーです。

A

B

C

すいかのゼリー

[材料]　作りやすい分量

すいか (小玉) … 正味580g (1/2〜3/4個)
｜ 粉ゼラチン (または顆粒ゼラチン) … 15g
｜ 水 … 60mℓ
砂糖 … 50g
レモン汁 … 20mℓ

[下準備]

・ 器に水を入れ、粉ゼラチン
　をふり入れてふやかす。

[作り方]

1　深さのあるバットにペーパータオルを敷き、すいかをのせ
　　る(A)。果肉をくりぬき器でくりぬき、種をとり除く(B、C)。

2　果肉をミキサーにかけ、万能こし器でこす(p.46・A参照)。
　　果汁を580mℓ計量する(不足分は分量外の水を足す)。

3　鍋に2の1/3量と砂糖を入れてゴムべらで混ぜながら中
　　火にかけ、沸騰直前(p.9参照)に火からおろす。ふやかし
　　たゼラチンを加え、混ぜて溶かす。

4　残りの2とレモン汁を加えて混ぜる。鍋底を氷水に当て
　　ながら、混ぜて冷やす。

5　1のすいかの皮の器に注ぎ入れ、冷蔵室で3時間以上冷
　　やし固める。

　　＊好みの大きさに切り、ココナッツファインをふる。

すいかのババロア

ゼラチン

生クリームと合わせ、赤いすいかの実を飾って夏のデザートに。

[材料]　容量170mℓのグラス6個分

すいか … 正味250g（約1/3個）

│ 粉ゼラチン（または顆粒ゼラチン）… 5g
│ 水 … 大さじ1

水 … 大さじ2

砂糖 … 30g

ココナッツミルクパウダー … 20g

プレーンヨーグルト … 50g

生クリーム … 100mℓ

[下準備]

・ 器に水大さじ1を入れ、粉ゼラチンをふり入れてふやかす。

[作り方]

1　すいかは果肉をひと口大に切り、種をとり除いてミキサーにかける。

2　鍋に1の1/5量、水大さじ2、砂糖、ココナッツミルクパウダーを入れてゴムべらで混ぜながら中火にかけ、沸騰直前（p.9参照）に火からおろす。ふやかしたゼラチンを加え、混ぜて溶かす。

3　1を少しずつ加えながら混ぜる。鍋底を氷水に当てながら、軽くとろみがつくまで冷やす。ヨーグルトを加えて混ぜる。

4　ボウルに生クリームを入れて六分立て（p.20参照）にし、3に加えて混ぜる。グラスに注ぎ入れ、冷蔵室で3時間以上冷やし固める。

＊生クリーム100mℓを六分立てにしてスプーンでのせ、くりぬき器で丸くくりぬいたすいかを飾る。

BLUEBERRY JELLY

ブルーベリーのゼリー

<u>アガー</u>

グラスのなかに広がる
ブルーベリーの模様が
とても涼やかです。

[材料]　容量120mℓのグラス6個分

ブルーベリー … 150g
レモン汁 … 小さじ2
砂糖 … 30g
　　アガー … 5g
　　砂糖 … 20g
　　水 … 350mℓ
レモンの皮 (黄色の部分をそいだもの) … 1/6個分

[下準備]

・ ブルーベリーは室温に戻す。

・ 器にアガーと砂糖20gを入れ、泡立て器でよく混ぜる。

[作り方]

1　ボウルにブルーベリーとレモン汁を入れ、砂糖30gをまぶす。

2　鍋に水を入れ、泡立て器で混ぜながら、混ぜたアガーと砂糖をふり入れる。

3　混ぜながら中火にかけ、沸騰直前 (p.13参照) に火からおろす。レモンの皮と1を加え、ゴムべらで混ぜる。

4　鍋底を冷水に当てながら混ぜ、軽くとろみがつくまで冷やす。

5　レモンの皮をよけてグラスに注ぎ入れ、冷蔵室で3時間以上冷やし固める。

[材料] 容量120㎖のグラス6個分

ブルーベリー … 150g
白ワイン … 100㎖
水 … 200㎖
レモン汁 … 小さじ2
砂糖 … 60g
 │ 粉ゼラチン（または顆粒ゼラチン）… 5g
 │ 水 … 大さじ1

[作り方]

1 　鍋にブルーベリー、白ワイン、水200㎖を入れて弱火にかけ、10〜15分煮る。レモン汁と砂糖を加えてさらに3分煮る。ボウルに移し、冷蔵室でひと晩冷やす。

2 　器に水大さじ1を入れ、粉ゼラチンをふり入れてふやかす。

3 　鍋に1の半量を入れてゴムべらで混ぜながら中火にかけ、沸騰直前(p.9参照)に火からおろす。2を加え、混ぜて溶かす。

4 　残りの1を加え、ボウルの底を氷水に当てながら混ぜ、軽くとろみがつくまで冷やす(A)。

5 　グラスに注ぎ入れ、冷蔵室で3時間以上冷やし固める。

BLUEBERRY COMPOTE JELLY
ブルーベリーの コンポートゼリー

ゼラチン

ブルーベリーのさわやかな風味と果肉を楽しんで。

ブルーベリーレアチーズ

ゼラチン　アガー

レアチーズの上に
濃厚なブルーベリーゼリー。
混ぜても、別々でも
いろいろな味を楽しめます。

[材料]　容量130mℓのグラス4個分

レアチーズ生地
クリームチーズ … 200g
| 粉ゼラチン（または顆粒ゼラチン）… 3g
| 水 … 10mℓ
| 熱湯 … 20mℓ
砂糖 … 40g
プレーンヨーグルト … 200g
レモン汁 … 小さじ1

ブルーベリーゼリー
ブルーベリー … 200g
砂糖 … 30g
レモン汁 … 小さじ2
| アガー … 2g
| 砂糖 … 10g
| 水 … 100mℓ

[下準備]

・ 器に水10mℓを入れ、粉ゼラチンを
　ふり入れてふやかす。

[作り方]

1　レアチーズ生地を作る。ふやかしたゼラ
　チンに熱湯を加え、ゴムべらで混ぜて溶
　かす。

2　耐熱ボウルにクリームチーズを入れ、電子
　レンジ（300W）で1分30秒加熱する。砂糖と
　1を順に加え、そのつど泡立て器で混ぜる。

3　プレーンヨーグルトとレモン汁を加えて混
　ぜる。

4　グラスに注ぎ入れ、冷蔵室で2時間以上冷
　やし固める。

5　ブルーベリーゼリーを作る。器にアガーと
　砂糖10gを入れ、泡立て器でよく混ぜる。

6　鍋にブルーベリー、砂糖30g、レモン汁を
　入れ、ゴムべらで混ぜながら中火にかけ
　る。砂糖が溶けたら、火からおろす。

7　別の鍋に水100mℓを入れ、泡立て器で混ぜ
　ながら5をふり入れる。

8　混ぜながら中火にかけ、沸騰直前（p.13参照）
　に火からおろす。6に加え、鍋底を冷水に
　当てながら、ゴムべらで混ぜてあら熱をと
　る。

9　4の上に8を注ぎ入れ、冷蔵室で2時間以
　上冷やし固める。

[材料]

容量150mℓのグラス4個分

あんずのコンポート

あんず … 400g

水 … 400mℓ

砂糖 … 200g

レモン汁 … 小さじ1

あんずゼリー

あんずのコンポート

　果肉 … 200g

　シロップ … 100mℓ

　アガー … 5g

　砂糖 … 20g

　水 … 150mℓ

シロップゼリー

あんずのコンポート

　果肉 … 2個分（8切れ）

　シロップ … 100mℓ

　アガー … 2.5g

　水 … 100mℓ

アマレット … 小さじ1

[作り方]

1　コンポートを作る。あんずは半分に切って種をとり除き、果肉をさらに半分に切る。

2　鍋に水と砂糖を入れてゴムべらで混ぜながら中火にかけ、沸騰したら火からおろす。レモン汁と1を加え、落としぶたをして弱火にかける。

3　沸騰直前に火からおろし、空気が入らないように表面にぴったりとラップをかけ、あら熱がとれたら冷蔵室でひと晩冷やす。

4　あんずゼリーを作る。器にアガーと砂糖を入れ、泡立て器でよく混ぜる。

5　コンポートの果肉とシロップをミキサーにかけてピュレ状にし、鍋に入れる。ゴムべらで混ぜながら中火にかけ、湯気が立ったら火からおろす。

6　鍋に水を入れ、泡立て器で混ぜながら4をふり入れる。混ぜながら中火にかけ、沸騰直前（p.13参照）に火からおろす。

7　5を少しずつ加えて混ぜる。鍋底を冷水に当てながら、ゴムべらで混ぜてあら熱をとる。グラスに注ぎ入れ、冷蔵室で3時間以上冷やし固める。

8　シロップゼリーを作る。鍋に水を入れ、泡立て器で混ぜながらアガーをふり入れる。混ぜながら中火にかけ、沸騰直前に火からおろす。

9　コンポートのシロップを少しずつ加えて混ぜ、アマレットを加えて混ぜる。鍋底を冷水に当てながら、ゴムべらで混ぜてあら熱をとる。

10　コンポートの果肉を半分に切って7の上にのせ、9を注ぎ入れ、冷蔵室で3時間以上冷やし固める。

＊ミントを飾る。

シロップゼリー（左）とあんずゼリー（右）、
それぞれ1層で作っても。

APRICOT COMPOTE JELLY

あんずのコンポートゼリー

アガー

コンポートのピュレを固めた
色鮮やかなゼリーと、
コンポートを浮かべた
シロップのゼリーを2層にして。

桃の白ワインマリネのゼリー

ゼラチン

白ワインでマリネした
桃とゼリーが合わさって、
別次元のおいしさに。

[材料]　6人分

桃 … 正味400g（1〜2個）
砂糖 … 60g
白ワイン … 80㎖
レモン汁 … 小さじ2
　｜　粉ゼラチン（または顆粒ゼラチン）… 5g
　｜　水 … 大さじ1

[作り方]

1　桃はよく洗って水気をふきとる。小鍋に湯を沸かし、桃を静かに入れ（A）、30秒たったら上下を返して30秒ゆでる。氷水にとり、皮をむいて種をとり除き（2で使用）、果肉をひと口大に切る（B）。

2　桃のマリネを作る。ボウルに果肉、砂糖、白ワイン、レモン汁を入れてゴムべらで軽く混ぜる。皮と種を加え（C）、空気が入らないようにぴったりとラップをかけ、冷蔵室でひと晩冷やす。

3　器に水を入れ、粉ゼラチンをふり入れてふやかす。

4　容器に2の果肉を入れる。

5　鍋に2のマリネ液、桃の皮と種を入れて中火にかけ、沸騰したら火からおろす。

6　万能こし器でこして330㎖を計量し（不足分は湯を足す）、3を加えてゴムべらで混ぜて溶かす。ボウルの底を氷水に当てながら、混ぜて冷やす。

7　4の容器に注ぎ入れ（D）、冷蔵室で3時間以上冷やし固める。

＊スプーンですくってグラスに盛る。

桃のコンポートゼリー

アガー

淡い桃色がやさしい、
すり流しのようなゼリー。
さらっとしたなかに
桃の果肉がほどよく。

SOFT PEACH KANTEN

ゆるゆる桃寒天

寒天

コンポートをピュレに、
シロップをゆるめの寒天に。
極上のデザートスープです。

桃のコンポートゼリー

[材料]

容量70mℓのグラス6個分

桃のコンポート（p.63参照）

　果肉 … 200g

　シロップ（茶こしでこす）

　　　 … 150mℓ

　アガー … 5g

　砂糖 … 20g

　水 … 100mℓ

[下準備]

・ 器にアガーと砂糖を入れ、
　泡立て器でよく混ぜる。

[作り方]

1　コンポートの果肉とシロップをミキ
　サーにかけてピュレ状にする。

2　鍋に1を入れてゴムべらで混ぜなが
　ら中火にかけ、湯気が立ったら火か
　らおろす。

3　別の鍋に水を入れ、泡立て器で混ぜ
　ながら、混ぜたアガーと砂糖をふり
　入れる。

4　混ぜながら中火にかけ、沸騰直前（p.13
　参照）に火からおろす。2を少しずつ
　加えて混ぜる。

5　鍋底を冷水に当てながら、ゴムべら
　で混ぜてあら熱をとる。

6　グラスに注ぎ入れ、冷蔵室で3時間
　以上冷やし固める。

　＊アイス（ヨーグルトやバニラ）をのせる。

ゆるゆる桃寒天

[材料]　　6人分

桃のコンポート（p.63参照）

　果肉 … 200g

　シロップ（茶こしでこす）… 300mℓ

　粉寒天 … 1g

　水 … 80mℓ

[作り方]

1　鍋に水と粉寒天を入れ、泡立て器で
　混ぜる。混ぜながら中火にかけ、沸
　騰したら弱火にして2分煮る。

2　コンポートのシロップを加えて混ぜ、
　沸騰したら火からおろす。

3　鍋底を冷水に当てながら、ゴムべら
　で混ぜてあら熱をとる。バットに流
　し入れ、冷蔵室で3時間以上冷やし
　固める。

4　コンポートの果肉はミキサーにかけ
　てピュレ状にする。

5　器に4を注ぎ入れ、3をスプーンで
　すくってのせる。

桃のコンポート

[材 料]　　作りやすい分量

桃 … 正味400g（1〜2個）
水 … 300㎖
砂糖 … 60g
レモン汁 … 小さじ2

[作 り 方]

1　桃はうぶ毛をとるようによく洗う。
　割れ目に沿って包丁で切り込みを入
　れ、手でねじって半割りにする。種
　をとり除き（A、B／2で使用）、果肉はそ
　れぞれ4等分に切る（C）。

2　耐熱ボウルに水と砂糖を入れてラッ
　プをかけ、電子レンジ（600W）で3分
　加熱する。ゴムべらで混ぜて砂糖を
　溶かし、レモン汁と1の果肉と種を加
　え（D）、さらに3〜4分加熱する。

3　空気が入らないように表面にぴった
　りとラップをかけ直し（E）、あら熱が
　とれたら冷蔵室でひと晩冷やす。

4　桃の皮を手でむき、種はとり除く。

コンポートを
ピュレにしてババロアに。
桃を器にすると愛らしく、
型で冷やし固めて
抜き出しても楽しめます。

桃のババロア

ゼラチン

[材料]　6個分

桃 … 3個(1の器用。果肉は食べるか、皮なし
　　でコンポートなどに)
桃のコンポート (p.63参照)
　果肉 … 350g
レモン汁 … 小さじ1
砂糖 … 20g
　粉ゼラチン(または顆粒ゼラチン) … 5g
　水 … 大さじ1
生クリーム … 100ml

[下準備]

・ 器に水を入れ、粉ゼラチンを
　ふり入れてふやかす。

2cm角に切った桃のコンポートを入れて、
型やグラスで冷やし固めても。

[作 り 方]

1　桃の皮の器を作る。桃は割れ目に沿って
　包丁で切り込みを入れ、手でねじって半
　割りにする。種をとり除き、果肉をスプー
　ンでくりぬく(A、B)。切り口にレモン汁を
　ぬり、空気に触れないように切り口を下に
　してバットに並べ、ラップをかけて冷蔵室
　に入れる。

2　桃のコンポートをミキサーにかけてピュ
　レ状にする。

3　鍋に2の1/3量と砂糖を入れてゴムべら
　で混ぜながら中火にかけ、沸騰直前(p.9
　参照)に火からおろす。ふやかしたゼラチ
　ンを加え、混ぜて溶かす。

4　残りの2を加えて混ぜる。鍋底を氷水に
　当てながら混ぜ、軽くとろみがつくまで
　冷やす。

5　ボウルに生クリームを入れて八分立て
　(p.20参照)にする。半量を4に加えて混
　ぜ、ボウルに戻して混ぜる。

6　1の桃の皮の器に5を注ぎ入れ、切り口を
　ババロアでおおうように表面をならす。
　傾かないように深さのある保存容器に入
　れ、冷蔵室で3時間以上冷やし固める。

ほかのゼリーと合わせて味変も楽しめる

MINT JELLY

ミントのゼリー

アガー

ペパーミントを使って。

風味と色を引き出す

ミントが茂る夏に作りたくなるゼリー。

ほかのゼリーと盛り合わせると、見た目も美しく、味にも変化が出ておすすめです。
左・緑色のぶどうゼリー(p.68)、右・メロンのゼリー(p.42)

[材料]　作りやすい分量

ミント(太い茎はとり除く)… 10g
水 … 150㎖
砂糖 … 30g
｜ アガー … 5g
｜ 水 … 150㎖

[作り方]

1　鍋に水150㎖と砂糖を入れて中火にかけ、砂糖が溶けたら火からおろして冷ます。

2　別の鍋に湯を沸かし、沸騰したらミントを入れて火からおろす。ミントをとり出して冷水にとり、ペーパータオルで水気をふきとる。

3　1と2をミキサーにかけ、10分ほどおいて風味を移してから茶こしでこす。

4　鍋に水150㎖を入れ、泡立て器で混ぜながらアガーをふり入れる。混ぜながら中火にかけ、沸騰直前(p.13参照)に火からおろし、3を加えて混ぜる。

5　鍋底を冷水に当てながら、ゴムべらで混ぜてあら熱をとる。

6　容器に注ぎ入れ、冷蔵室で3時間以上冷やし固める。

＊ミントのゼリーと好みのゼリーを、スプーンですくって交互に重ねてグラスに盛る。

緑色のぶどうゼリー

アガー

[材料]　容量200mℓのグラス4個分

ぶどう・デラウェア … 200g
ぶどう・シャインマスカット … 適量
レモン汁 … 小さじ2
| アガー … 5g
| 砂糖 … 50g
| 水 … 200mℓ

[下準備]

・器にアガーと砂糖を入れ、
　泡立て器でよく混ぜる。

[作り方]

1　デラウェアはボウルの上で皮をむき、出た
　果汁は150mℓになるように水を足す。シャ
　インマスカットは洗って水気をふきとり、
　半分に切ってデラウェアの果肉と合わせて
　レモン汁をまぶす。

2　鍋に水を入れ、泡立て器で混ぜながら、混
　ぜたアガーと砂糖をふり入れる。

3　混ぜながら中火にかけ、沸騰直前(p.13参照)
　に火からおろす。1の果汁を少しずつ加え
　て混ぜ、1の果肉を加えてゴムべらで混ぜ
　る。

4　鍋底を冷水に当てながら混ぜ、軽くとろみ
　をつける。

5　グラスに注ぎ入れ、冷蔵室で3時間以上冷
　やし固める。

淡い黄緑の粒が
グラスのなかに浮かぶよう。
ぶどうの風味を生かした
さっぱりとしたゼリー。

GRAPE KANTEN

ぶどうの寒天

<u>寒天</u>

キレある寒天のなかに
コクのあるピオーネを。
2つの食感と色を楽しんで。

[材 料]　　11×14 × 深さ5cmの流し缶1台分

ぶどう・ピオーネ (または巨峰) … 12 粒

  粉寒天 … 2g

  水 … 550㎖

砂糖 … 50g

レモン汁 … 小さじ1

[作 り 方]

1　ぶどうは沸騰した湯に10〜15秒浸す（A）。氷水につけて皮をむき（B、皮は**3**で使用）、流し缶に並べる。

2　鍋に水と粉寒天を入れ、泡立て器で混ぜる。混ぜながら中火にかけ、沸騰したら弱火にして2分煮る。

3　砂糖を加え、混ぜて溶かす。火からおろし、1のぶどうの皮とレモン汁を加えてさっと混ぜ、色が移ったら（C）、皮をとり除く。

4　鍋底を冷水に当てながら、ゴムべらで混ぜてあら熱をとる。

5　1の流し缶に注ぎ入れ（D）、冷蔵室で3時間以上冷やし固める。

＊流し缶から出し、好みの形に包丁で切って器に盛る。

FIG COMPOTE JELLY IN WHITE WINE

いちじくの白ワイン
コンポートゼリー

ゼラチン

とろりと流れるような
やわらかさに。

FIG COMPOTE JELLY IN RED WINE

いちじくの赤ワイン
コンポートゼリー

ゼラチン

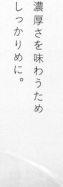

濃厚さを味わうため
しっかりめに。

[材 料]

いちじくのコンポート (作りやすい分量)

いちじく … 5、6個

赤または白ワイン … 150㎖

水 … 200㎖

砂糖 … 50g

はちみつ … 10g

レモン汁 … 小さじ1

レモンの皮 … 1/4個分

(赤ワインのみ、好みで) シナモンスティック … 1本

白ワインコンポートゼリー (4〜6人分)

いちじくのコンポート

　果肉 … 5個

　シロップ … 300㎖

　粉ゼラチン (または顆粒ゼラチン) … 5g

　水 … 大さじ1

レモン汁 … 小さじ1

赤ワインコンポートゼリー (容量100㎖の型6個分)

いちじくのコンポート

　果肉 … 6個

　シロップ … 270㎖

　粉ゼラチン (または顆粒ゼラチン) … 7.5g

　水 … 25㎖

レモン汁 … 小さじ1

[作 り 方]

1　コンポートを作る。耐熱ボウルに赤または白ワイン、水、砂糖、はちみつを入れてラップをかけ、電子レンジ (600W) で3分加熱する。

2　皮をむいたいちじく、レモン汁、レモンの皮、(赤ワインのみ) シナモンスティックを加えてラップをかけ、さらに3分加熱する。

3　いちじくの上下を返してラップをかけ、さらに3分加熱する。空気が入らないように表面にぴったりとラップをかけ直し、あら熱がとれたら冷蔵室でひと晩冷やす。

4　ゼリーを作る。器に水を入れ、粉ゼラチンをふり入れてふやかす。コンポートの果肉を、白ワインは大きめの容器、赤ワインは型に入れる。

5　鍋にコンポートのシロップの半量を入れて中火にかけ、沸騰したら火からおろす。4のふやかしたゼラチンを加え、ゴムべらで混ぜて溶かす。

6　残りのシロップ、レモン汁を加え

て混ぜる。鍋底を氷水に当てながら、混ぜて冷やす。

7　4の容器または型に注ぎ入れ (A／白ワイン、B／赤ワイン)、冷蔵室で3時間以上冷やす。

＊白ワインはスプーンですくって器に盛り、細くそいだレモンの皮を飾る。赤ワインは型からはずし (p.20参照)、器に盛る。

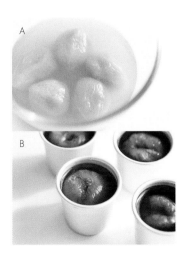

A

B

—73—

フレッシュいちじくのすり流し

アガー

[材料]　容量210mℓのグラス4個分

いちじく … 正味250g（4〜5個）
砂糖 … 40g
レモン汁 … 小さじ2
  ┃ アガー … 5g
  ┃ 砂糖 … 10g
  ┃ 水 … 200mℓ

[下準備]

・ いちじくは室温に戻す。
・ 器にアガーと砂糖を入れ、
  泡立て器でよく混ぜる。

[作り方]

1　いちじくは皮をむき、ひと口大に切る。ボウル
　に入れ、砂糖とレモン汁を加えて軽く混ぜ、10
　分ほどマリネし、ミキサーにかけてピュレ状に
　する。

2　鍋に水を入れ、泡立て器で混ぜながら、混ぜた
　アガーと砂糖をふり入れる。

3　混ぜながら中火にかけ、沸騰直前（p.13参照）に
　火からおろす。1を少しずつ加えて混ぜる。

4　グラスに注ぎ入れ、冷蔵室で3時間以上冷やし
　固める。

＊すだち、かぼす、グリーンレモンなど柑橘類の輪切りを
添え、搾って食べる。

ピュレにして固めるだけ。
いちじくの香りと味が
口のなかでふわっと広がり、
一瞬でほどけます。

FIG MIZUYOKAN

いちじくの水羊羹

寒天 ——

生のいちじくで
こしあんをのばし、
ゆるゆるの水羊羹に。
バットで流し固め、
すくって盛りつけても。

[材 料]　　容量120㎖の型6個分

いちじく … 5、6個
　│ 粉寒天 … 2g
　│ 水 … 200㎖
砂糖 … 20g
こしあん … 265g

[作 り 方]

1　いちじくは皮をむき、5㎜厚さの輪切りにする。型の底に、サイズの合う1切れを入れる(A)。

2　残りのいちじくをミキサーにかけてピュレ状にし、200gを計量する。

3　鍋に水と粉寒天を入れ、泡立て器で混ぜる。混ぜながら中火にかけ、沸騰したら弱火にして2分煮る。砂糖を加え、混ぜて溶かし、火からおろす。

4　ボウルにこしあんを入れ、**3**を少しずつ加えながら泡立て器で混ぜる。**2**を加えて混ぜる。

5　ボウルの底を冷水に当てながら、ゴムべらで混ぜてあら熱をとる。

6　**1**の型に注ぎ入れ、冷蔵室で3時間以上冷やし固める。

＊型からはずし(p.20参照)、器に盛る。

A

A

TEA JELLY WITH PEAR

洋梨の紅茶ゼリー

アガー

[材料]　4人分

洋梨のコンポート
洋梨 … 2個
水 … 100㎖
砂糖 … 40g
レモン汁 … 小さじ1

洋梨の紅茶ゼリー
洋梨のコンポート
　　果肉 … 2個分(16切れ)
　　シロップ … 100㎖
紅茶の茶葉(好みのもの) … 4g
熱湯 … 200㎖
　　アガー … 5g
　　砂糖 … 20g
　　水 … 100㎖

[作り方]

1　コンポートを作る。洋梨は皮をむいて8等分のくし形に切り、芯をとる。

2　耐熱ボウルに1と水を入れて砂糖をふり入れ、レモン汁を加えてラップをかけ、電子レンジ(600W)で3分加熱する。

3　ゴムべらでひと混ぜしてラップをかけ、さらに2分加熱する(A)。空気が入らないように表面にぴったりとラップをかけ直し、あら熱がとれたら冷蔵室でひと晩冷やす。

4　紅茶ゼリーを作る。器にアガーと砂糖を入れ、泡立て器でよく混ぜる。

5　ポットに茶葉を入れ、熱湯を注いでふたをして2分おく。

6　鍋に水を入れ、泡立て器で混ぜながら、混ぜたアガーと砂糖をふり入れる。

7　混ぜながら中火にかけ、沸騰直前(p.13参照)に火からおろす。5を茶こしでこしながら加え、コンポートのシロップを加えて混ぜる。

8　鍋底を冷水に当てながら、ゴムべらで混ぜてあら熱をとる。

9　器にコンポートの果肉を入れて8を注ぎ入れ、冷蔵室で3時間以上冷やし固める。

＊スプーンですくって器に盛る。

心地よいのど越しと
洋梨と紅茶の
豊かなハーモニー。

洋梨のテリーヌゼリー

ゼラチン

ヨーグルト風味のゼリーに上品な香りと食感のコンポートを閉じ込めて。

[材料]　　18×8×深さ6㎝のパウンド型1台分

洋梨のコンポート（p.78・1〜3参照）
　　果肉 … 2個分（16切れ）
　　シロップ … 140㎖（不足分は水を足す）
　　粉ゼラチン（または顆粒ゼラチン）… 7.5g
　　水 … 25㎖
砂糖 … 30g
プレーンヨーグルト … 250g
生クリーム … 65㎖

[下準備]

・ 器に水を入れ、粉ゼラチンをふり入れてふやかす。

[作り方]

1　鍋にコンポートのシロップを入れて中火
　　にかけ、沸騰直前（p.9参照）に火からおろ
　　す。ふやかしたゼラチンと砂糖を加え、
　　混ぜて溶かす。

2　鍋底を氷水に当てながら、ゴムべらで混
　　ぜて冷やす。

3　ヨーグルトと生クリームを順に加え、そ
　　のつど混ぜる。

4　型にコンポートの果肉6切れを並べ（A）、
　　3の1/3量を注ぎ入れ、コンポートの果
　　肉6切れを並べる（B）。

5　残りの**3**を注ぎ入れ、コンポートの果肉4
　　切れを並べる（C）。表面をならし、冷蔵
　　室で3時間以上冷やし固める。

　　＊熱湯につけて温めたパレットナイフまたは包丁
　　を側面にさし込んですべらせ（D）、型の底をさっ
　　と湯せんにかける（E）。型の上に皿をのせてひっ
　　くり返し、温めた包丁で切って器に盛る。

PERSIMMON JELLY

柿のゼリー

ゼラチン

[材料]　　容量100㎖のグラス4個分

柿（完熟）… 正味200g（約2個）

レモン汁 … 小さじ1

水 … 200㎖

砂糖 … 40g

　| 粉ゼラチン（または顆粒ゼラチン）… 5g
　| 水 … 大さじ1

[下準備]

・ 器に水大さじ1を入れ、粉ゼラチンをふり入れてふやかす。

[作り方]

1　柿は皮をむき、種をとり除く。ミキサーにかけてピュレ状にし、レモン汁を加えて混ぜる。

2　鍋に水200㎖と砂糖を入れて中火にかけ、沸騰直前（p.9参照）に火からおろす。ふやかしたゼラチンを加え、ゴムべらで混ぜて溶かす。

3　鍋底を氷水に当てながら、ゴムべらで混ぜてあら熱をとる。1を加え（A）、泡立て器で混ぜる（B）。

4　グラスに注ぎ入れ、冷蔵室で3時間以上冷やし固める。

＊皮をむいて種をとり除いた柿を1.5〜2㎝角に切ってのせる。

A

B

口のなかでゆっくり
とろけるやわらかさ。
生よりさらに濃厚に、
あと味は軽やかに。

— 83 —

ゼリーで、パフェデコレーション

STRAWBERRY JELLY PARFAIT

いちごゼリーのパフェ

ゼリーに果物やアイスクリーム、ジャムなどを合わせ、パフェにして特別な日のおやつに。

[下準備]

・ クッキーは手で砕き、溶かしたホワイトチョコレートをまぶし、オーブンペーパーにのせて乾かす。小さめの飾り用は上面にホワイトチョコレートをつける。

[デコレーションの仕方]

1　いちごのゼリー（p.26）とバニラアイスを盛る（A）。

2　チョコをまぶしたクッキーをのせる（B）。

3　ホワイトチョコレートのゼリーに添えるいちごのゼリー（p.22）をかける（C）。

4　六分立て（p.20参照）にした生クリームを順にグラスに盛り、いちご1個と半分に切ったいちご5切れをのせる（D）。

5　飾り用のクッキー、ミントを飾る（E）。

　＊ぷるんとかため、するっとゆるめ、食感違いのゼリー2種類を入れるのがおすすめ。

A

B

C

D

E

すりおろしりんごのゼリー

アガー

子どもの頃好きだった
すりおろしのりんごを
するりとした食感で
楽しみたい、
そんな気持ちで作りました。

[材 料]

容量200mlのグラス4個分

りんご … 正味100g（約1/2個）

レモン汁 … 小さじ2

水 … 150ml

はちみつ … 10g

| アガー … 5g

| 砂糖 … 20g

| 水 … 100ml

[下準備]

・ 器にアガーと砂糖を入れ、
　泡立て器でよく混ぜる。

[作り方]

1　りんごは皮をむいて芯をとる。すりおろし器に
　レモン汁の半量をかけ、りんごをすりおろす。

2　鍋に水150ml、はちみつ、残りのレモン汁を入
　れて火にかける。沸騰したら火を止めて1を
　加え、再び中火にかけて沸騰したら火からお
　ろす。

3　別の鍋に水100mlを入れ、泡立て器で混ぜな
　がら、混ぜたアガーと砂糖をふり入れる。

4　混ぜながら中火にかけ、沸騰直前（p.13参照）に
　火からおろす。

5　2を加えて混ぜる。鍋底を冷水に当てながら、
　ゴムべらで混ぜてあら熱をとる。

6　グラスに注ぎ入れ、冷蔵室で3時間以上冷や
　し固める。

＊よく洗って芯をとったりんごを皮つきのまま7mm角に
切り、砂糖とレモン汁を各適量まぶしてのせる。

APPLE COMPOTE JELLY

りんごのコンポートゼリー

ゼラチン

紅玉の皮で
自然なピンクに。
コンポートがじんわりと
とろけるゼリー。

[材 料]

容量110mlのグラスまたは型5個分

りんご・紅玉 … 正味250g（約1個）

水 … 300ml

砂糖 … 40g

はちみつ … 20g

レモン汁 … 小さじ2

粉ゼラチン（または顆粒ゼラチン）… 5g

水 … 大さじ1

[作 り 方]

1　コンポートを作る。りんごは皮をむいて（**3**で使用）4等分に切り、芯をとってさらに4等分のくし形に切る（A）。

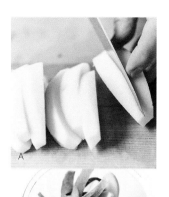
A

2　耐熱ボウルに水300mlと砂糖、はちみつを入れてラップをかけ、電子レンジ（600W）で2分加熱する。

3　**1**の果肉と皮、レモン汁を加え（B）、ラップをかけてさらに3分加熱する。ゴムべらで軽く混ぜ、ラップをかけてさらに2分加熱する。空気が入らないように表面にぴったりとラップをかけ直し（C）、あら熱がとれたら冷蔵室でひと晩冷やす。

B

C

4　ゼリーを作る。器に水大さじ1を入れ、粉ゼラチンをふり入れてふやかす。

5　鍋に**3**のシロップ300ml（不足分は水を足す）を入れて中火にかけ、沸騰直前（p.9参照）に火からおろす。**4**を加え、ゴムべらで混ぜて溶かす。

6　鍋底を氷水に当てながら、混ぜて冷やす。

7　**3**の果肉をグラスまたは型に4、5切れずつ入れ（D）、**6**を注ぎ入れ、冷蔵室で3時間以上冷やし固める。

＊型で固めた場合：型からはずし（p.20参照）、グラスに盛ってミントを飾る。

D

MANDARIN JELLY

みかんのゼリー

ゼラチン

実を丁寧にはずし、
なかにゼリーを注ぎ入れます。
小ぶりで形のかわいい
みかんに出会ったらぜひ。

丸ごとみかんのゼリー

アガー

ぷるんっとしたアガーのなかで、
ぷかぷか浮かぶみかんを
ほぐしながらいただきます。

みかんのゼリー

[材料]　6個分

みかん（皮つきで70gほど）… 6個

水 … 150㎖

砂糖 … 30g

はちみつ … 5g

粉ゼラチン（または顆粒ゼラチン）… 5g
水 … 大さじ1

[下準備]

・ 器に水大さじ1を入れ、粉ゼラチ
ンをふり入れてふやかす。

[作り方]

1　みかんは上部を切りとり、下部の皮と果肉
　の境に包丁を入れ（A）、皮に果肉が少し
　残る程度にスプーンで果肉をかき出す
　（B、C）。

2　果肉は万能こし器でこし、果汁を150㎖
　計量する。

3　鍋に水150㎖、砂糖、はちみつ、2を入れ
　てゴムべらで混ぜながら中火にかけ、沸
　騰したら火からおろす。ふやかしたゼラ
　チンを加え、混ぜて溶かす。

4　鍋底を氷水に当てながら混ぜ、軽くとろ
　みがつくまで冷やす。

5　1のみかんの皮の器に4を注ぎ入れ、冷
　蔵室で3時間以上冷やし固める（1に入り
　きらない場合は、グラスなどに入れて固める）。

＊生クリーム100㎖と砂糖10gを八分立て（p.20参
照）にし、絞り出し袋に入れて絞り、薄皮をむいた
みかんと余ったみかんのゼリー各適量を飾る。

A

B

C

丸ごとみかんのゼリー

[材 料]　　容量120〜200mlのグラス4個分

みかん（皮つきで70gほど）… 4個
水 … 200ml
砂糖 … 40g
レモン汁 … 小さじ2
　| アガー … 5g
　| 水 … 100ml

1　コンポートを作る。みかんは皮をむき、筋をきれいにとり除く。

2　耐熱ボウルに水200mlと砂糖を入れてラップをかけ、電子レンジ（600W）で2分加熱する。

3　レモン汁と1を加えてラップをかけ、さらに3分加熱する。空気が入らないように表面にぴったりとラップをかけ直し、あら熱がとれたら冷蔵室でひと晩冷やす。

4　ゼリーを作る。3をこして果肉とシロップに分ける。シロップを250ml計量する（不足分は水を足す）。

5　鍋に水100mlを入れ、泡立て器で混ぜながらアガーをふり入れる。混ぜながら中火にかけ、沸騰直前（p.13参照）に火からおろす。

6　4のシロップを加えて混ぜる。鍋底を冷水に当てながら、ゴムべらで混ぜて軽くとろみがつくまで冷やす。

7　グラスに6の半量を注ぎ入れ、4の果肉を入れ、残りの6を注ぎ入れる。冷蔵室で3時間以上冷やし固める。

LEMON JELLY

レモンのゼリー

ゼラチン

[材料]
レモンの皮の器または
容量60mlのグラス5個分

レモン（国産）… 2、3個（果汁60ml分）

水 … 200ml

砂糖 … 40g

はちみつ … 10g

> 粉ゼラチン（または顆粒ゼラチン）… 5g
> 水 … 大さじ1

レモンの皮のすりおろし … 適量

[下準備]

・ 器に水大さじ1を入れ、粉ゼラチ
　ンをふり入れてふやかす。

[作り方]

1　レモンは上部1/4を切りとり、安定して
　　立つように下部の底を薄く切りとる（A）。
　　皮と果肉の境に包丁を入れ（B）、スプーン
　　で果肉をかき出し、種をとり除く（C）。
　　※レモンの果肉はゼラチンを溶かす作用があるの
　　で、皮に果肉が残らないようにしっかりとかき出す。

2　果肉はゴムべらでつぶしながら万能こし
　　器でこし、果汁を60ml計量する。

3　鍋に水200ml、砂糖、はちみつ、2を入れ、
　　ゴムべらで混ぜながら中火にかける。沸
　　騰したら弱火にし、1分煮て火からおろ
　　す。

4　ふやかしたゼラチンを加え、混ぜて溶かす。
　　レモンの皮のすりおろしを加えて混ぜる。

5　鍋底を氷水に当てながら、混ぜて冷やす。

6　1のレモンの皮の器またはグラスに注ぎ
　　入れ、冷蔵室で3時間以上冷やし固める。

　　＊生クリーム100mlと砂糖10gを八分立て（p.20
　　参照）にし、絞り出し袋に入れて絞り、ミントを
　　飾る。

A

B

C

酸味は穏やか。
レモンの器に入れると
ふわっと香りが立ち、
食べるときも楽しめます。

レモンミルクゼリー

アガー

ゆるゆるミルクゼリーに
レモンの皮のほのかな苦味と
さわやかな香りをしのばせて。

レモン（国産）… 1個（果肉はレモンジャムなどに）
牛乳 … 320mℓ

| アガー … 5g
| 砂糖 … 40g
| 水 … 100mℓ

生クリーム … 50mℓ

[下 準 備]

・ 器にアガーと砂糖を入れ、
　泡立て器でよく混ぜる。

[作 り 方]

1　レモンは皮の黄色い部分をすりおろし、8
　等分にして果肉を切りとる。
　※果肉が入ると牛乳と分離するので、果肉がついて
　いるわたの部分をそぎとる（A）。

2　鍋に牛乳とそいだ皮を入れて中火にかけ、
　湯気が立ったら火からおろす。

3　別の鍋に水を入れ、泡立て器で混ぜながら、
　混ぜたアガーと砂糖をふり入れる。

4　混ぜながら中火にかけ、沸騰直前（p.13参照）
　に火からおろす。2をこして加え、生クリー
　ムと1のすりおろしを加えて混ぜる。

5　鍋底を冷水に当てながら、ゴムべらで混ぜ
　てあら熱をとる。

6　型に注ぎ入れ、冷蔵室で3時間以上冷やし
　固める。

　＊型からはずし（p.20参照）、器に盛り、レモンジャ
　ム（p.99・1、2参照）をかけてミントを飾る。

A

LEMONADE JELLY

レモネードゼリー

アガー

やわらかなレモネードが
のどをすり抜け、
限りなくさっぱりと。

[材料] 容量220mℓのグラス4個分

レモンの輪切り（国産）… 4切れ
砂糖 … 10g
| アガー … 5g
| 砂糖 … 30g
| 水 … 300mℓ

[下準備]

・ 器にアガーと砂糖30gを入れ、泡立て器でよく混ぜる。

[作り方]

1 耐熱容器に種をとり除いたレモンの輪切りと砂
  糖10gを入れてラップをかけ、電子レンジ（600W）
  で砂糖が溶けるまで40秒ほど加熱する。

2 鍋に水を入れ、泡立て器で混ぜながら、混ぜた
  アガーと砂糖をふり入れる。

3 混ぜながら中火にかけ、沸騰直前（p.13参照）に
  火からおろす。

4 1を加えてゴムべらで混ぜる。鍋底を冷水に当
  てながら、混ぜてあら熱をとる。

5 グラスにレモンの輪切りを1切れずつ入れ、ゼ
  リー液を注ぎ入れ、冷蔵室で3時間以上冷やし
  固める。

レモンの果肉（薄皮つき、国産）… 75g（約1と1/2個分）
水 … 300mℓ
砂糖 … 75g
｜ 粉寒天 … 2g
｜ 水 … 300mℓ

[作り方]

1　レモンジャムを作る。レモンの果肉は種をとり除いて薄皮ごと細かく切り、鍋に入れる。水300mℓを加え、やわらかくなるまで弱火で20分ほど煮る。

2　砂糖を加え、透明感が出るまでゴムべらで混ぜながら焦がさないように煮詰める。

3　寒天を作る。別の鍋に水300mℓと粉寒天を入れ、泡立て器で混ぜる。混ぜながら中火にかけ、沸騰したら弱火にして2分煮て火からおろす。

4　2を加えて混ぜる。鍋底を冷水に当てながら、ゴムべらで混ぜてあら熱をとる。

5　流し缶に注ぎ入れ、冷蔵室で3時間以上冷やし固める。

＊流し缶から出し、好みの形に切って器に盛り、レモンの皮のすりおろしをふる。

レモンジャムの寒天寄せ。
お菓子作りのあとに残った
果肉を生かした
ジャムを活用して。

LEMON KANTEN

レモンの寒天

寒天

ゆずジャムの寒天

寒天

ゆずは料理で皮を使うことが多く、
果肉が残ればジャムにします。
ジャムがあればすぐ作れるのも魅力。

[材 料]　　6人分

ゆずの果肉 (薄皮つき) … 75g (約2個分)
水 … 350㎖
(あれば) ゆずの皮 … 1/4個分
砂糖 … 60g
　┃ 粉寒天 … 2g
　┃ 水 … 200㎖

[下 準 備]

・ ゆずの皮はピーラーでそぎ、細かく切
　る。

[作 り 方]

1　ゆずジャムを作る。ゆずの果肉はかたい部分
　　を切りとり (A)、種をとり除く。薄皮ごと細
　　かく切って鍋に入れる。水350㎖とゆずの皮
　　を加え、やわらかくなるまで弱火で20分ほ
　　ど煮る。

2　砂糖を加え、透明感が出るまでゴムべらで混
　　ぜながら焦がさないように煮詰める。

3　寒天を作る。別の鍋に水200㎖と粉寒天を入
　　れて泡立て器で混ぜる。混ぜながら中火に
　　かけ、沸騰したら弱火にして2分煮て火から
　　おろす。2を加えて混ぜる。

4　鍋底を冷水に当てながら、ゴムべらで混ぜて
　　あら熱をとる。

5　容器に注ぎ入れ (B)、冷蔵室で3時間以上冷
　　やし固める。

＊スプーンですくって器に盛り、ゆずの皮のピール (1. ゆ
　ず1個分の皮をピーラーで薄く帯状にむき、鍋にひたひ
　たの水とともに入れてゆでこぼす。2. 鍋に水100㎖と砂
　糖40g、水気をきった1を入れ、透明感とツヤが出るま
　で煮詰める) を飾る。

A

B

ゆずのゼリー

アガー

[材 料]　容量150mℓのグラス3個分

ゆずの皮のすりおろし … 大1/2個分
ゆずの果汁 … 小さじ1
　　アガー … 5g
　　砂糖 … 30g
　　水 … 300mℓ

[下 準 備]

・ 器にアガーと砂糖を入れ、
　泡立て器でよく混ぜる。

[作 り 方]

1　鍋に水を入れ、泡立て器で混ぜながら、混ぜたアガーと砂糖をふり入れる。

2　混ぜながら中火にかけ、沸騰直前(p.13参照)に火からおろす。

3　ゆずの皮のすりおろしと果汁を加えて混ぜる。鍋底を冷水に当てながら、ゴムべらで混ぜてあら熱をとる。

4　グラスに注ぎ入れ、冷蔵室で3時間以上冷やし固める。

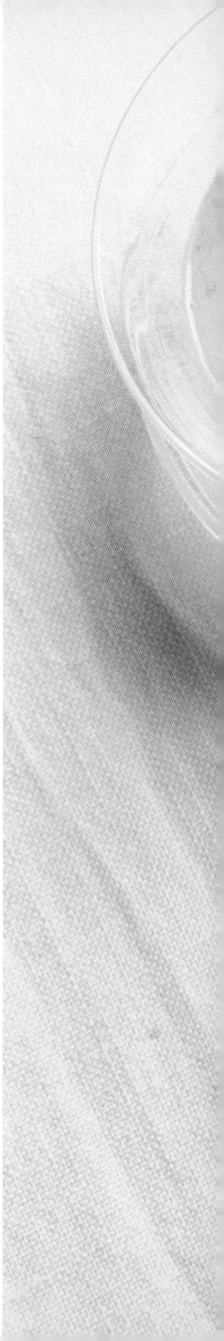

ゆずの皮の黄色が、
澄んだゼリーにキラキラと
浮かぶ様子が美しい。
心地よい香りの
余韻があります。

JELLY CAKE

ゼリーのショートケーキ

左：レモンのゼリー（p.94）、
右：洋梨の紅茶ゼリー（p.78）
のアレンジを使用

ジューシーでおいしい
ゼリーのふわふわ
ショートケーキです。

[ショートケーキ用ゼリーの作り方]

直径12cmの丸型を使用

レモンのゼリー（p.94 参照）

型にラップを敷き、ゼリー液（p.94・5）を好みの深さ
に注ぎ入れ（A）、冷蔵室で3時間以上冷やし固める。

洋梨のゼリー（p.78 参照）

1　水10mlに粉ゼラチン2.5gをふり入れてふやかす。

2　鍋に洋梨のコンポートのシロップ100mlを入れ
　て中火にかけ、沸騰直前に火からおろし、1を加
　え、ゴムべらで混ぜて溶かす。鍋底を氷水に当
　てながら混ぜ、あら熱をとる。

3　型にラップを敷いて2を注ぎ入れ（A）、洋梨の
　コンポート9切れを並べる。冷蔵室で3時間以上
　冷やし固める。

[組み立て方]

スポンジは厚みを半分に切り、切
り口にシロップをぬり、八分立て
（p.20参照）の生クリームをご
く薄くぬる。1切れにゼリーをの
せ（B）、もう1切れのスポンジで
はさみ、六分立ての生クリームで
コーティングして仕上げる。切る
ときは、必ず包丁を温めてから。

ソーダゼリー

アガー

シュワシュワッとした
ソーダをそのままゼリーに。
果物やハーブなど
添えるもので好みの味に。

[材 料]　容量240mlのグラス3個分

強炭酸水…300ml

｜　アガー … 5g
｜　砂糖 … 30g
｜　水 … 100ml

レモンの皮（黄色い部分をそいだもの）… 1/3個分

[下 準 備]

・ 器にアガーと砂糖を入れ、泡立て器でよく混ぜる。

[作 り 方]

1　鍋に水を入れ、泡立て器で混ぜながら、混ぜたアガー
　　と砂糖をふり入れる。

2　混ぜながら中火にかけ、沸騰直前（p.13参照）に火から
　　おろす。レモンの皮を加え、強炭酸水を少しずつ加
　　えてさっと混ぜる（A）。

3　鍋底を冷水に当ててあら熱をとる（炭酸がとぶので混ぜな
　　い）。空気が入らないようにゼリー表面にぴったりと
　　ラップをかけ、冷蔵室で3時間以上冷やし固める。

　　＊左：2cm長さに切ったミント、中：小さく切ったパイナップルと
　　ラズベリー、右：はちみつしょうが（しょうがのすりおろし小さじ
　　1とはちみつ小さじ2を混ぜる）をグラスに入れ（B）、**3**をスプー
　　ンですくってのせる。ミントには輪切りにしたレモンを添え、搾っ
　　て食べる。

A

B

キャラメルゼリー

ゼラチン

琥珀色の香ばしいゼリー。
アングレーズソースをかけると
カスタードプリンのような味わいに。

[材料]　4人分

砂糖 … 50g

水 … 小さじ1

熱湯 … 320㎖

　｜ 粉ゼラチン（または顆粒ゼラチン）… 5g
　｜ 水 … 大さじ1

（好みで）ラム酒 … 小さじ2

アングレーズソース

　　卵黄 … 1個分

　　バニラビーンズ … 2㎝

　　砂糖 … 20g

　　牛乳 … 100㎖

[下準備]

・ 器に水大さじ1を入れ、粉ゼラチンをふ
り入れてふやかす。

・ バニラビーンズはさやに切り込みを入れ
て種をとり出し（A）、砂糖20gと混ぜる。

[作り方]

1　鍋に砂糖50gと水 小さじ1を入れてふたをし、中
　　火にかける。

2　砂糖が溶けて茶色くなってきたら（B）、ふたをとっ
　　て鍋を揺する。しょうゆ色になったら（C）火から
　　おろし、熱湯を少しずつ加えてゴムべらで混ぜる。

3　ふやかしたゼラチンとラム酒を順に加え、そのつ
　　ど混ぜる。

4　鍋底を氷水に当てながら、混ぜて冷やす。容器に
　　注ぎ入れ、冷蔵室で3時間以上冷やし固める。

5　アングレーズソースを作る。ボウルに卵黄、合わせ
　　たバニラビーンズの種と砂糖を入れ、泡立て器で
　　白っぽくなるまで混ぜる。

6　鍋に牛乳とバニラビーンズのさやを入れて中火に
　　かけ、沸騰直前（p.9参照）に火からおろす。5に少
　　しずつ加えて混ぜる。

7　鍋にこして戻し、ゴムべらで混ぜながら弱火にか
　　ける。泡が消えてとろみがついたら火からおろし、
　　鍋底を氷水につけて冷やす。食べる直前まで冷
　　蔵室で冷やしておく。

　　＊4をスプーンでくずしながら（D）器に盛り、ひと口大に切った
　　バナナをのせ、7をかける。

　　＊アングレーズソースのかわりに、バニラアイスを添えるのもお
　　すすめ。

A

B

C

D

BLANC-MANGER
ブランマンジェ

ゼラチン

アーモンドの香りをほのかに移した牛乳と生クリームをふわりと。

[材 料]　容量200mℓのグラス3個分

牛乳 … 300mℓ
スライスアーモンド … 40g
　┃　粉ゼラチン（または顆粒ゼラチン）… 5g
　┃　水 … 大さじ1
砂糖 … 40g
生クリーム … 80mℓ

[下準備]
・ 器に水を入れ、粉ゼラチンをふり入れてふやかす。

[作り方]

1　鍋に牛乳とスライスアーモンドを入れて1時間おく。

2　中火にかけ、沸騰直前（p.9参照）に火からおろす。ボウルにこして移し、ふやかしたゼラチンと砂糖を加え、ゴムべらで混ぜる。

3　ボウルの底を氷水に当てながら、混ぜて冷やす。生クリームを加えて混ぜる。

4　グラスに注ぎ入れ、冷蔵室で3時間以上冷やし固める。

＊生クリーム30mℓと砂糖3gを八分立て（p.20参照）にしてスプーンでのせ、ローストしたスライスアーモンドを散らす。

[材料]　容量110mℓのグラス5個分

セミスイートチョコレート … 100g
水 … 200mℓ、150mℓ
（好みで）キルシュ（またはオランジュ〈オレンジリキュール〉）
　　… 小さじ1
　│粉ゼラチン（または顆粒ゼラチン）… 5g
　│水 … 大さじ1

[下準備]
・器に水大さじ1を入れ、粉ゼラチンを入れてふやかす。

[作り方]

1　鍋に水200mℓを入れて中火にかける。沸騰
　　したら火からおろし、キルシュを加える（ア
　　ルコールをとばしたい場合は再沸騰させる）。

2　チョコレートを加え、ひと呼吸おいてから
　　泡立て器で混ぜて溶かす。

3　ふやかしたゼラチンを加え、混ぜて溶かす。
　　水150mℓを加えて混ぜる。

4　鍋底を氷水に当てながら、混ぜて冷やす。

5　グラスに注ぎ入れ、冷蔵室で3時間以上冷
　　やし固める。

　　＊生クリーム50mℓと砂糖5gを七分立て（p.20参照）
　　にし、絞り出し袋で絞り、削ったチョコレートをふる。

CHOCOLATE JELLY

チョコレートのゼリー

ゼラチン

濃厚で、なめらか。
しっとりクリーミーな食感で
するりと食べられます。

CREAM CHEESE JELLY

クリームチーズのゼリー

ゼラチン

[材料]　容量60㎖のカップ8個分

クリームチーズ … 100g
はちみつ … 20g
牛乳 … 300㎖
砂糖 … 20g
　｜　粉ゼラチン（または顆粒ゼラチン）… 5g
　｜　水 … 大さじ1
レモン汁 … 小さじ2

[下準備]

・　クリームチーズは室温に戻す。
・　器に水を入れ、粉ゼラチンをふり
　　入れてふやかす。

[作り方]

1　ボウルにクリームチーズを入れ、ゴムべ
　　らでなめらかになるまで練る（A）。はち
　　みつを加えて混ぜる。

2　鍋に牛乳と砂糖を入れて中火にかけ、沸
　　騰直前（p.9参照）に火からおろす。ふやか
　　したゼラチンを加え、混ぜて溶かす。

3　1に2を少しずつ加えて混ぜる。

4　ボウルの底を氷水に当てながら、混ぜて
　　冷やす。レモン汁を加えて混ぜる。

5　カップに注ぎ入れ、冷蔵室で3時間以上
　　冷やし固める。

　　＊ゆずジャム（p.101・1、2参照）を添えたり、シナ
　　モンパウダーをふったりする。好みのフルーツを添
　　えるほか、はちみつをかけても。

A

チーズのコクや
まろやかさを味わいながら、
やさしくとろけていく
やわらかさです。

極上の抹茶をいただくような
至福の風味と食感を。

GREEN TEA AN-MITSU

抹茶あんみつ

寒天

口のなかでほどける
寒天とこしあんが絶妙。

SOFT AN-MITSU

やわらかあんみつ

寒天

[材料]　3人分

やわらかあんみつ	抹茶あんみつ
砂糖 … 25g	抹茶 … 4g
和三盆 … 25g	砂糖 … 50g
｜ 粉寒天 … 1g	｜ 粉寒天 … 1g
｜ 水 … 330㎖	｜ 水 … 330㎖
こしあん … 適量	こしあん … 適量

[下準備]

・ 抹茶：器に抹茶と砂糖を入れてスプーンで混ぜる（A）。

・ こしあんはとろりとするかたさに水（分量外）で溶きのばす。

A

B

C

D

[作り方]

1　鍋に水と粉寒天を入れて泡立て器で混ぜる。混ぜながら中火にかけ、沸騰したら弱火にして2分煮て火からおろす。

2　やわらか：別の鍋に半量を移し、一方に砂糖、もう一方に和三盆を加えて混ぜる。
　　抹茶：砂糖と合わせた抹茶を加えて混ぜる。

3　鍋底を冷水に当てながら、ゴムべらで混ぜてあら熱をとる。

4　バット（B／やわらか：15.5×12.5㎝、C／抹茶：20.5×16㎝）に注ぎ入れ、冷蔵室で3時間以上冷やし固める。

＊やわらか：水で溶きのばしたこしあんを器に入れてスプーンの背で広げ（D）、好みの形に包丁で切った4を盛る。ココナッツミルクシロップ（ココナッツミルクパウダー20g、熱湯50㎖、砂糖10gを溶き混ぜて冷やす）または黒蜜をかける。

＊抹茶：器に好みの形に包丁で切った4を盛り、水で溶きのばしたこしあんを添え、ココナッツミルクシロップまたは黒蜜をかける。

[材料] 　5、6人分

牛乳 … 300㎖
　 アガー … 5g
　 砂糖 … 40g
　 水 … 100㎖
生クリーム … 50㎖
水 … 100㎖
砂糖 … 40g
アマレット … 小さじ2

[下準備]

・ 器にアガーと砂糖40gを入
　 れ、泡立て器でよく混ぜる。

AMARETTO MILK JELLY

アマレットの杏仁豆腐風

アガー

[作り方]

1　鍋に牛乳を入れて中火にかけ、湯気が立ったら火からおろす。

2　別の鍋に水100㎖を入れ、泡立て器で混ぜながら、混ぜたアガーと砂糖をふり入れる。

3　混ぜながら中火にかけ、沸騰直前(p.13参照)に火からおろす。1と生クリームを順に加え、そのつど混ぜる。

4　鍋底を冷水に当てながら、ゴムべらで混ぜてあら熱をとる。容器に注ぎ入れ、冷蔵室で3時間以上冷やし固める。

5　鍋に水100㎖と砂糖40gを入れて中火にかけ、沸騰したら火からおろす。アマレットを加えてゴムべらで混ぜ、あら熱がとれたら冷蔵室で冷やす。

＊4をスプーンですくって器に盛り、5をかける。

杏仁の香りに似た
アマレットを使って。
家でできたてを食べるなら、
思いきりゆるく作りたい。

WHITE SESAME JELLY

白ごまのゼリー

アガー

すりと練りを使って濃厚に。
のどを通るときに
ごまの香りが鼻に抜けます。

—118—

[材料]　容量120mℓの型4個分

いり白ごま … 20g	アガー … 5g
練り白ごま … 30g	きび砂糖 … 40g
豆乳（成分無調整）… 200mℓ	水 … 150mℓ
	生クリーム … 50mℓ

[下準備]

・ いりごまをする（する前にフライパンでいるとさらに香りがアップ）。

・ 器にアガーときび砂糖を入れ、泡立て器でよく混ぜる。

[作り方]

1　鍋に豆乳を入れて中火にかけ、湯気が立ったら火からおろす。すったいりごま、練りごまを加えて泡立て器で混ぜる。

2　別の鍋に水を入れ、泡立て器で混ぜながら、混ぜたアガーときび砂糖をふり入れる。

3　混ぜながら中火にかけ、沸騰直前（p.13参照）に火からおろす。1と生クリームを順に加え、そのつど混ぜる。

4　鍋底を冷水に当てながら、ゴムべらで混ぜてあら熱をとる。

5　型に注ぎ入れ、冷蔵室で3時間以上冷やし固める。

＊型からはずし（p.20参照）、器に盛り、いり白ごまをふる。

[材料]　容量100mlの型4個分

煎茶の茶葉(好みのもの) … 7g
熱湯 … 260ml
　アガー … 5g
　砂糖 … 30g
　水 … 100ml

[下準備]
・ 器にアガーと砂糖を入れ、泡立て器でよく混ぜる。
・ 熱湯は85度に冷ます。

[作り方]

1　ポットに茶葉を入れ、85度に冷ました熱湯を
　注いでふたをし、1分おく。

2　鍋に水を入れ、泡立て器で混ぜながら、混ぜた
　アガーと砂糖をふり入れる。

3　混ぜながら中火にかけ、沸騰直前(p.13参照)に火
　からおろす。1を茶こしでこしながら加えて混
　ぜる。

4　鍋底を冷水に当てながら、ゴムべらで混ぜてあ
　ら熱をとる。

5　型に注ぎ入れ、冷蔵室で3時間以上冷やし固め
　る。

　＊型からはずし(p.20参照)、器に盛り、好みで練乳ミル
　ク(練乳10gと牛乳20mlを混ぜる)をまわりにかける。

お茶の澄んだ水色を生かし、すっきり、のど越しよくするにはアガーがおすすめ。

SENCHA JELLY
煎茶のゼリー

アガー

ハイビスカスティーのゼリー

ゼラチン

酸味のあるゼリーのなかにスポンジ。
生クリームを添えて、
ショートケーキのような味わいに。

A

B

[材 料]　容量70mlの型6個分

ハイビスカスティー

　茶葉（ローズヒップとブレンドしたもの）

　　…7g（またはティーバッグ2個）

　熱湯 … 370ml

　粉ゼラチン（または顆粒ゼラチン）… 5g

　水 … 大さじ1

砂糖 … 30g

はちみつ … 15g

スポンジケーキ（またはカステラ）… 適量

[下 準 備]

・ 器に水を入れ、粉ゼラチンをふり入れてふやかす。

[作 り 方]

1　スポンジケーキは2cm厚さに切り、直径3cmの丸型で抜く（A）。

2　ポットに茶葉を入れて熱湯を注ぎ、ふたをして2分おく。茶こしでこして330mlをボウルに入れる。

3　ふやかしたゼラチン、砂糖、はちみつを加え、ゴムべらで混ぜる。

4　ボウルの底を氷水に当てながら、混ぜて冷やす。

5　型に注ぎ入れ、1を中央にのせ、軽く押してうずめる（B）。冷蔵室で3時間以上冷やし固める。

＊型からはずして器に盛り、六分立てにした生クリームを添える（p.20参照）。

AMAZAKE JELLY

甘酒のゼリー

アガー

[材 料]　容量100mℓの器5個分

甘酒 … 250g
　アガー … 5g
　砂糖 … 20g
　水 … 150mℓ
生クリーム … 40mℓ

[下 準 備]

・ 器にアガーと砂糖を入れ、
　泡立て器でよく混ぜる。

[作 り 方]

1　鍋に甘酒を入れて中火にかけ、湯気が立ったら火からおろす。

2　別の鍋に水を入れ、泡立て器で混ぜながら、混ぜたアガーと砂糖をふり入れる。

3　混ぜながら中火にかけ、沸騰直前（p.13参照）に火からおろす。1と生クリームを順に加え（A）、そのつど混ぜる。

4　鍋底を冷水に当てながら、ゴムべらで混ぜてあら熱をとる。

5　器に注ぎ入れ、冷蔵室で3時間以上冷やし固める。

＊好みで甘酒をミキサーにかけても。空気を含んでさらにふわっとなめらかな食感に。

A

甘酒のうまみとつぶを生かし、
ほんの少し生クリームを足して
ふんわり、つるんとした食感に。

UMESHU JELLY

梅酒の寒天

寒天

スプーンの上で
溶けるほどのやわらかさ。
白あんで包み込むと
まろやかで上品な味わいに。

[材料]　容量200mlのグラス4個分

梅酒 … 200ml

砂糖 … 40g

　水 … 600ml

　粉寒天 … 2g

白あん … 50g

[作り方]

1　鍋に水と粉寒天を入れ、泡立て器で混ぜる。混ぜながら中火にかけ、沸騰したら弱火にして2分煮る。

2　梅酒と砂糖を加え、沸騰したら火からおろす。鍋底を冷水に当てながら、ゴムべらで混ぜてあら熱をとる。

3　100mlとり分ける。残りはグラスに注ぎ入れ、冷凍室で急冷する。

4　ボウルに白あんを入れ、とり分けた3を加えて溶きのばす。

5　グラスに注いだ3が固まり始めたら、上に4を流し入れ、冷蔵室で3時間以上冷やし固める。

＊白あんがない場合は、3でとり分けた寒天液をバットに入れて冷凍し、固まったらフォークでほぐし（A）、のせる（p.124写真右）。

A

この本で使っている主な

材 料

→ゼラチンは p.9、
アガーは p.13、
寒天は p.17 に

砂 糖

ビートグラニュー糖またはグ
ラニュー糖を使用。ゼラチン、
寒天では上白糖でも可。

きび砂糖、和三盆

「白ごまのゼリー」「やわらか
あんみつ」など、コクや深み
をつけたいときに。

はちみつ

アカシアやみかんなど、フルー
ツとよく合い、くせのないも
のがおすすめ。

生 クリーム

乳脂肪分 40〜47％の動物性
のものを使用。濃厚でコクが
ある。

プレーンヨーグルト

副原料を加えず、生乳を発酵
させただけのもの。乳脂肪分
の高くないものを。

牛 乳

加工されていない生乳100％
の新鮮なものを。

クリームチーズ

牛乳にクリームを加え、熟成
させずに作る。くせの少ない
国産のものを。

セミスイートチョコレート

製菓用のフェーブ形で、カカ
オ成分 50〜60％を使用。

ホワイトチョコレート

カカオバターやミルク、砂糖
などからつくられた白いチョ
コ。タブレット状が便利。

こしあん

あずきの皮をとり除き、きめ細
かくさらりとした口どけのあん。
甘さ控えめのものを。

ココナッツミルクパウダー

ココナッツミルクを粉末にし
たもので、湯で溶いて使う。
少量でも使えて便利。

リキュール

風味づけに。アマレット、オラ
ンジュ（コアントローでも可）、
キルシュ、ラム酒を使用。

赤ワイン、白ワイン

余ったらおいしく飲めて、料理
にも使えるものを。国産の添
加物が少なく、辛口のもの。

甘 酒

麹仕立てで、糖類無添加の
ものを。

この本で使っている主な

道具

はかり
1g単位ではかれるデジタル
スケールが便利。

計量スプーン・カップ
大さじ1＝15㎖、小さじ＝5
㎖。カップは容量200〜250
㎖くらいのものを。

パレット、ゴムべら
長さ25㎝くらいのものが作
業しやすい。ゴムべらは耐熱
のものを。

泡立て器
長さ25㎝くらいのものを。少
量を混ぜるときに、長さ20㎝
弱のものもあると便利。

片手鍋
直径14〜16㎝くらいのもの
が作業しやすい。ステンレス
製やホウロウ製を。

万能こし器
果汁やシロップなどをこすと
きに。

ステンレスボウル
直径23㎝と18㎝くらいの2サ
イズあると便利。材料を冷や
すときに便利。

耐熱ボウル
直径18㎝くらい。レンジを使
用するときにも。少し深さが
あるので、飛び散らずに便利。

ブレンダー
フルーツをピュレ状にすると
きに、ブレンダーまたはミキ
サーを使う。

型・小
ゼリー液を1人分ずつ固めるとき
に。容量100〜140㎖くらいのス
テンレス製またはアルミ製のもの。

型・大
ゼリー液をまとめて固めるときに。
流し缶やパウンド型など、ステンレ
ス製またはアルミ製のものを使用。

容器
ゼリー液をまとめて固めるときに。
容量700〜800㎖くらいのものがお
すすめ。

グラス
1人分ずつ固めるときに。容量100〜140㎖く
らいのものを。型として使用することも。

※容量200㎖くらいのグラスを使用するときも、ゼ
リー液を注ぐのは100〜120㎖くらいまで。

本間節子 ほんませつこ

お菓子研究家、日本茶インストラクター。
自宅で少人数のお菓子教室「atelier h（アトリエ・エイチ）」を主宰。季節感と食材の味を大切にした、毎日食べても体にやさしいお菓子を提案している。お菓子に合う飲み物、お茶にも造詣が深い。雑誌や書籍でのレシピ提案、日本茶イベントや講習会など幅広く活躍している。著書は『日本茶のさわやかスイーツ』（世界文化社）、『ほうじ茶のお菓子』『お菓子をつくる 季節を楽しむ82レシピ』『atelier h 季節の果物とケーキ』（以上主婦の友社）ほか多数。
https://www.atelierh.jp
Instagram @hommatelierh

デザイン	高橋朱里（マルサンカク）
撮影	市原慶子
編集	小野奈央子
調理アシスタント	黒田由香
校正	荒川照実
編集担当	東明高史（主婦の友社）

材料提供

ゼライス（ゼラチンパウダー）
マルハニチロ お客様相談室 0120-040826
https://www.maruha-nichiro.co.jp

ゼリーの素（アガー）
共立食品 0120-58-5826
https://www.kyoritsu-foods.co.jp

かんてんクック
伊那食品工業 お客様サービス係 0120-321-621
https://www.kantenpp.co.jp

やわらかとろける いとしのゼリー

2021年 6月30日 第1刷発行
2024年 7月31日 第10刷発行

著 者 本間節子
発行者 丹羽良治
発行所 株式会社主婦の友社
〒141-0021 東京都品川区上大崎3-1-1
目黒セントラルスクエア
電話03-5280-7537
（内容・不良品等のお問い合わせ）
049-259-1236（販売）
印刷所 大日本印刷株式会社

・本のご注文は、お近くの書店か主婦の友社コールセンター（電話0120-916-892）まで。
※お問い合わせ受付時間 月〜金（祝日を除く）10:00〜16:00
※個人のお客さまからのよくある質問のご案内
https://shufunotomo.co.jp/faq/